丛书系国家社科基金重大招标项目《中国共产党百年奋斗中坚持敢于斗争经验研究》（项目编号：22ZDA015）阶段性成果。

奋力建设现代化新广东研究丛书

中山大学中共党史党建研究院　编　张　浩　丛书主编

湾区发展
新突破研究

史欣向　主编

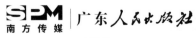
南方传媒　广东人民出版社

·广州·

图书在版编目（CIP）数据

湾区发展新突破研究 / 史欣向主编. -- 广州：广东人民出版社，2024. 8.（奋力建设现代化新广东研究丛书）. -- ISBN 978-7-218-17738-0

Ⅰ . D676

中国国家版本馆CIP数据核字第2024KN5650号

WANQU FAZHAN XIN TUPO YANJIU

湾区发展新突破研究

史欣向　主编

出 版 人：肖风华

出版统筹：卢雪华

策划编辑：曾玉寒

责任编辑：伍茗欣　李宜励

装帧设计：广大迅风艺术　刘瑞锋

责任技编：吴彦斌

出版发行：广东人民出版社

地　　址：广州市越秀区大沙头四马路10号（邮政编码：510199）

电　　话：（020）85716809（总编室）

传　　真：（020）83289585

网　　址：http://www.gdpph.com

印　　刷：广州市豪威彩色印务有限公司

开　　本：787mm×1092mm　1/16

印　　张：15.25　　字　　数：260千

版　　次：2024年8月第1版

印　　次：2024年8月第1次印刷

定　　价：66.00元

如发现印装质量问题，影响阅读，请与出版社（020-85716849）联系调换。

售书热线：（020）87716172

奋力建设现代化新广东研究丛书
编委会

▶ 总 序

古代广东处于中国大陆的最南端，南有茫茫大海、北有五岭的重重阻隔，且远离中国的政治经济文化中心。然而，近代以来，广东却屡开风气之先。广东是反抗外国侵略的前哨，同时又是外国新事物传入中国的门户，地处东西文明交流的前沿，一直扮演着现代化先行者的角色。许多重大历史事件和著名历史人物不约而同和广东联系在一起，使广东在整个近代中国居于一种特殊的地位。中国近代史的第一页就是在广东揭开的。两次鸦片战争都在广东发生，西方国家用大炮打开中国大门，首先打的是广东。而中国人民反抗外国侵略的斗争，也首先是从广东开始的。众所周知，1840年英国侵略者以林则徐在广东虎门销烟为由，发动侵略中国的鸦片战争，这是中国近代史开端的标志。作为近代中国人民第一次反侵略斗争的三元里抗英斗争即发生在广东，因此广东成为中国反对外来侵略的前沿阵地。广东也产生了一大批在中国乃至世界上都有影响力的思想家、革命家。他们站在时代的前列，探索救国救民的真理，投身于救国救民的运动，推动和影响了近代中国发展的历史进程。毛泽东在《论人民民主专政》一文中谈到近代先进的中国人向西方寻求救国真理，他举出四个代表人物，即洪秀全、严复、康有为和孙中山，这四个人中有三个是广东人。从洪秀全领导的太平天国起义，到康有为等人领导的维新运动，这些广东仁人志士对救国良方的寻觅，都推动了中国早期的现代化进程。特别是孙中山先生在《建国方略》中曾对中国现代化景象作出过天才般的畅想。然而，遗憾的是，由于没有先进力量的领导、没有科学理论的指导，民族独立无法实现，现代化也终究是水月镜花。

1921年7月，中国共产党的诞生，是开天辟地的大事变，标志着中国的革命事业有了主心骨、领路人。广东是大革命的策源地、中国共产党领导革命斗争的重要发源地之一、中国共产党探索革命道路的核心区域之一和全国敌后抗日三大战场之一。革命战争年代，广东英雄人物辈出，其中陈延年、张太雷、邓中夏、蔡和森、张文彬等人为中国革命献出了宝贵生命；彭湃烧毁自家田契，领导了海陆丰农民运动，为人民利益奋斗终身；杨殷卖掉自己广州、香港的几处房产，为革命事业筹集经费，最后用生命捍卫信仰……这些铮铮铁骨的共产党人用生命为民族纾困，为国家分忧。总之，广东党组织在南粤大地高举革命旗帜28年而不倒，坚持武装斗争23年而不断，为中国新民主主义革命的胜利作出了巨大的贡献，从而为现代化事业发展准备了根本条件。

新中国成立后，广东砥砺前行，开始了探索建设社会主义现代化的伟大实践。在"四个现代化"宏伟目标的指引下，中共广东省委带领广东人民以"敢教日月换新天"的勇气和斗志，发展地方工业，完成社会主义改造，建立起社会主义基本制度，拉开大规模社会主义建设的序幕。此后，广东又在国家投资支援极少的情况下，自力更生建立了比较完整的工业体系和国民经济体系。这一时期，全省兴建了茂名石油工业公司、广州化工厂、湛江化工厂、广州钢铁厂以及流溪河水电站、新丰江水电站等骨干企业，改组、合并和新建了200多家机械工业企业，工农业生产能力明显增强。这一时期，广东社会主义现代化建设事业经过长期而艰苦的实践探索，在农业、工业、科学技术等方面取得了一系列突出成就，为推进社会主义现代化奠定了坚实的物质基础。

党的十一届三中全会以来，广东充分利用中央赋予的特殊政策和灵活措施，在改革开放中先行一步，走出了一条富有广东特色的现代化发展路径。广东大胆地闯、大胆地试，以"敢为天下先"的历史担当和"杀出一条血路"的革命精神，带领全省人民解放思想，在改革开放探索中先行一步。"改革开放第一炮"作为"冲破思想禁锢的第一声春雷"响彻深圳蛇口上空，"时间就是金钱，效率就是生命"的口号传遍祖国大地。在推进经济特区建设、经济体制改革，发展外向型经济，率先建立社会主义市场经济体制的过程中，广东以改革精神破冰开局，实现了第一家外资企业、第一个出口加工区、第一张股票、第一批农民工、第一家涉外酒店、第一个商品房小区等多个"第一"；探索出"前店后厂""三来一补""外向带动""腾笼换鸟、造林引凤""粤港澳合作"等诸多创新之路。相关数据显示，至2012年，城乡居民人均可支配收入分别为30226.71元和10542.84元；城镇化水平达67.4%，人均预期寿命提高到76.49岁，高等教育毛入学率超过32%。作为改革开放的先行地，广东还贡献了现代化的创新理念、思路和实践经验。"珠江模式""深圳速度""东莞经验"等在全国产生了巨大影响，为探索中国特色社会主义现代化道路贡献了实践模板。总之，改革开放风云激荡，南粤大地生机勃勃，广东人民生活已经实现从温饱到总体达到小康再到逐步富裕的历史性跨越，为基本实现现代化打下了良好的基础。

党的十八大以来，中国特色社会主义进入新时代。习近平总书记对广东全面深化改革、全面扩大开放、深入推进现代化事业高度重视，先后在改革开放40周年、经济特区建立40周年、改革开放45周年等重要节点到广东视察，寄望广东"继续在改革开放中发挥窗口作用、试验作用、排头兵作用"，勉励广东"继续全面深化改革、全面扩大开放，努力创造出令世界刮目相看的新的更大奇迹"，要求广东"以更大魄力、在更高起点上推进改革开放"，嘱托广东在新征程上要"在全面深化改革、扩大高水平对外开放、提升科技自立自强能力、建设现代化产业体系、促进城乡区域协调发展等方面继续走在全国前列，在推进中国式现代化建设中走在前列"，这为广东推动改革开放和社会主义现代化向更深层次挺进、更广阔领域迈进指明了方向。在以习近平同志为核心的党中央的亲切关怀和坚强领导下，广东高举习近平新时代中国特色社会主义思想伟大旗帜，坚持改革不停顿、开放不止步，进一步解放思想、改革创新，进一步真抓实干、奋发进取，不断开创广东现代化建设新局面。广东立定时代潮头，坚持改革开放再出发，勇当中国式现代化的领跑者。广东以习近平总书记对广东的重要讲话和重要指示批示精神统揽工作全局，加强对中央顶层设计的创造性落实，不断围绕服务国家重大战略贡献长板、担好角色，以全面深化改革为鲜明导向，纵深推进粤港澳大湾区、深圳先行示范区建设，推动横琴、前海、南沙三大平台稳健起步，实现了经济平稳较好发展和社会和谐稳定，确保经济、政治、文化、社会、生态文明建设"五位一体"统筹推进，在经济高质量发展、文化强省建设、法治广东建设、生态文明建设以及民生事业发展等方面取得具有历史意义的新成就。2023年广东GDP达到13.57万亿元，经济总量连续35年全国第一，区域创新综合能力连续7年全国第一，规上工业企业超7.1万家，高新技术企业超过7.5万家，19家广东企业进入世界500强，超万亿元、超千亿元级产业集群分别达到8个和10个，"深圳—香港—广州"科技集群位居全球前列，建成国际一流的机场、港口、公路及营商环境，新质生产力发展势头良好，这为广东在推进中国式现代化建设中走在前列奠定了坚实的物质基础。

中国式现代化前途光明，任重道远。广东是东部发达省份、经济大省，以占全国不到2%的面积创造了10.7%的经济总量，在中国式现代化建设的大局中地位重要、作用突出，完全能够在现代化建设、高质量发展上继续走在全国前列。

促发展争在朝夕，抓落实重在实干。为了更好落实"在推进中国式现代化建设中走在前列"这一习近平总书记对广东的深切勉励、殷切期望和战略指引，2023年6月20日，中共广东省委十三届三次全会作出"锚定一个目标，激活三大动力，奋力实现十大新突破"的"1310"具体部署。这是紧跟习近平总书记、奋进新征程的坚定态度和郑重宣示，是把握大局、顺应规律、立足实际的科学布局，是推进中国式现代化的广东实践的施工图、任务书。时间不等人、机遇不等人、发展不等人。唯有大力弘扬"闯"的精神、"创"的劲头、"干"的作风，一锤一锤接着敲、一件一件钉实钉牢，才能把蓝图变为现实，推动广东在推进中国式现代化建设中走在前列。

岭南春来早，奋进正当时。2024年2月18日是农历新春第一个工作日，继去年"新春第一会"之后，广东再度召开全省高质量发展大会，这次大会强调"接过历史的接力棒，建设一个现代化的新广东，习近平总书记、党中央寄予厚望，父老乡亲充满期待，我们这代人要有再创奇迹、再写辉煌的志气和担当，才能不辜负先辈，对得起后人"，吹响了奋力建设一个靠创新进、靠创新强、靠创新胜的现代化新广东的冲锋号角，释放出"追风赶月莫停留、凝心聚力加油干"的鲜明信号。向天空探索、向深海挺进、向微观进军、向虚拟空间拓展，广东以"新"提"质"，以科技改造现有生产力，积极催生新质生产力，不断增强高质量发展的"硬实力"。观大局、抓机遇、行大道，广东作为经济大省、制造业大省，不断筑牢实体经济为本、制造业当家的根基，持续推动高质量发展，必将创造新的伟大奇迹。

2024年7月15日至18日,中国共产党第二十届中央委员会第三次全体会议在北京举行。党的二十届三中全会是在新时代新征程上,中国共产党坚定不移高举改革开放旗帜,紧紧围绕推进中国式现代化进一步全面深化改革而召开的一次十分重要的会议。全会审议通过的《中共中央关于进一步全面深化改革、推进中国式现代化的决定》,深入分析推进中国式现代化面临的新情况新问题,对进一步全面深化改革作出系统谋划和部署,既是党的十八届三中全会以来全面深化改革的实践续篇,也是新征程推进中国式现代化的时代新篇,擘画了进一步全面深化改革的蓝图,发出了向改革广度和深度进军的号令。广东全省上下要闻令而动,积极响应党中央的号召,全面贯彻落实党的二十届三中全会各项部署,以走在前列的担当进一步全面深化改革,扎实推进中国式现代化的广东实践。要围绕强化规则衔接、机制对接,把粤港澳大湾区建设作为全面深化改革的大机遇、大文章抓紧做实,携手港澳加快推进各领域联通、贯通、融通,持续完善高水平对外开放体制机制,依托深圳综合改革试点和横琴、前海、南沙、河套等重大平台开展先行先试、强化改革探索,努力创造更多新鲜经验,牵引带动全省改革开放向纵深推进。要围绕构建新发展格局、推动高质量发展,进一步深化经济体制改革,着眼处理好政府和市场的关系,加快构建高水平社会主义市场经济体制;着眼发展新质生产力,健全推动经济高质量发展体制机制;着眼补齐最突出短板,健全促进城乡区域协调发展的体制机制,更好激发广东发展的内生动力和创新活力。要围绕推进高水平科技自立自强,加快构建支持全面创新体制机制,深化教育综合改革、科技体制改革、人才发展体制机制改革,打通创新链、产业链、资金链、人才链,着力提升创新体系整体效能。要围绕提升改革的系统性、整体性、协同性,统筹推进民主、法治、文化、民生、生态等各领域改革,确保改革更加凝神聚力、协同高效。要围绕构建新安全格局，扎实推进国家安全体系和能力现代化，全面贯彻总体国家安全观，加强国家安全体系建设，完善公共安全治理机制，持续加强和创新社会治理，切实保障社会大局平安稳定。要围绕提高对进一步全面深化改革、推进中国式现代化的领导水平，切实加强党的全面领导和党的建设，始终坚持党中央对全面深化改革的集中统一领导，深化党的建设制度改革，健全完善改革推进落实机制，充分调动广大党员干部抓改革、促发展的积极性、主动性、创造性，以钉钉子精神把各项改革任务落到实处。

站在新的历史起点上，回望我们党领导人民夺取革命、建设、改革伟大胜利的光辉历程和广东取得的举世瞩目的发展成就，眺望强国建设、民族复兴的光明前景和广东现代化建设的美好未来，我们更加深刻感到，改革开放必须坚定不移，广东靠改革开放走到今天，还要靠改革开放赢得未来；更加深刻感到，改革开放需要群策群力，进一步全面深化改革，每个人都不是局外人旁观者，都是参与者贡献者；更加深刻感到，改革开放务求真抓实干，中国式现代化是干出来的，伟大事业都成于实干。岭南处处是春天，一年四季好干活。全省上下要从此刻开始，从现在出发，拿出早出工、多下田、干累活的工作热情，主动投身到进一步全面深化改革的宏伟事业中来，以走在前列的闯劲干劲拼劲，推动改革开放事业不断取得新进展新突破，推动高质量发展道路越走越宽，让创新创造社会财富的活力竞相迸发、源泉充分涌流，奋力建设好现代化新广东，切实推动广东在推进中国式现代化建设中走在前列，为强国建设、民族复兴作出新的更大贡献！

在中华人民共和国成立75周年、中山大学建校100周年之际，中山大学中共党史党建研究院组织专家撰写的《奋力建设现代化新广东研究丛书》的出版，具有重要的政治意义和纪念意义。同时，这套丛书也是国家社科基金重大招标项目《中国共产党百年奋斗中坚持敢于斗争经验研究》（项目号：22ZDA015）的阶段性成果，丛书的出版也有一定的学术意义。

希望这套丛书在深化对党的二十大精神和习近平总书记视察广东重要讲话、重要指示精神如何在岭南大地落地生根、结出丰硕成果的研究阐释方面立新功，在深化对广东推进中国式现代化的创新举措和发展经验研究方面谋新篇，在推动中山大学围绕中央和地方经济社会发展需要开展对策研究和前瞻性战略研究方面探新路。

是为序。

中山大学中共党史党建研究院

2024年8月

目录
CONTENTS

2 第二章
粤港澳大湾区建设的现实基础与机遇挑战

3 第三章
粤港澳大湾区与国际其他知名湾区比较分析

4

第四章

粤港澳大湾区经济发展的新突破

5

第五章

粤港澳大湾区国际科技创新中心建设的新突破

第六章

粤港澳大湾区社会治理体系建设的新突破

7

第七章

粤港澳大湾区生态文明建设的新突破

导　论

　　粤港澳大湾区是我国开放程度最高、经济活力最强的地区之一，代表我国改革开放和经济发展最高水平，在全国乃至全球发展中处于重要地位。粤港澳大湾区建设，是习近平总书记亲自谋划、亲自部署、亲自推动的重大国家战略。2017年7月1日，习近平总书记在香港亲自见证了《深化粤港澳合作　推进大湾区建设框架协议》的签署，正式拉开了大湾区建设的帷幕。2019年2月18日，《粤港澳大湾区发展规划纲要》（以下简称《规划纲要》）正式发布，标志着大湾区建设上升为国家战略。根据《规划纲要》精神，粤港澳大湾区要建成充满活力的世界级城市群、具有全球影响力的国际科技创新中心、"一带一路"建设的重要支撑、内地与港澳深度合作示范区、宜居宜业宜游的优质生活圈。①

　　新时代党中央制定的粤港澳大湾区建设宏伟战略，是粤港澳三地协同推进高质量发展的新机遇，是新时代我国推动全面改革开放的新部署，是新时代党中央推动形成全面开放新格局的新举措，也是推动"一国两制"事业发展的新实践。粤港澳大湾区建设丰富了"一国两制"的实践内涵，是贯彻落实新发展理念，进一步深化改革、扩大开放，进一步推进"一带一路"建设的重要举措，对于实现"两个一百年"奋斗目标和中华民族伟大复兴具有重要意义。

　　2023年4月13日，习近平总书记在广东调研时指出，"粤港澳大湾区

---

① 《粤港澳大湾区发展规划纲要》，新华社2019年2月18日。

在全国新发展格局中具有重要战略地位。……使粤港澳大湾区成为新发展格局的战略支点、高质量发展的示范地、中国式现代化的引领地"。粤港澳大湾区建设充分体现了习近平新时代中国特色社会主义思想的真理伟力。①站在新时代的起点上，粤港澳大湾区建设要以习近平新时代中国特色社会主义思想为指引，贯彻新发展理念，着眼"双循环"新发展格局，开创高质量发展新局面，展现中国特色发展道路新气派。粤港澳大湾区要做新发展理念的践行者、先行者和引领者，②以创新为驱动力促进湾区改革，健全协调发展机制，紧抓生态环境治理，全面提升对外开放水平，不断增进人民福祉，③朝着建设富有活力和国际竞争力的世界一流湾区的目标不断奋进，努力打造成为全球经济新增长极。

粤港澳大湾区建设是全面深化改革的新举措。粤港澳大湾区担负着推动中国社会与市场从政策开放走向制度开放的使命，是我国从外向型经济向以创新为主导的开放型经济转型的探索。④自20世纪80年代开始，广东部分城市作为国家改革开放试验区，进行了从计划经济到市场经济的生产要素改革实践，开放直接投资市场，大力发展外向型经济，其具体表现为用自身的土地、劳动力等价格竞争优势吸引港澳等的资本、技术进入市场，与港澳形成"前店后厂""大进大出"的分工协作模式。⑤在这期间，经济发展模式是粗放式的，是以低廉的劳动力成本吸引全球要素集聚，在全球产业分工体系中处于低端位置。随着改革开放进程的发展，珠

---

① 马兴瑞：《携手港澳打造国际一流湾区和世界级城市群》，《求是》2021年第11期。

② 徐博雅：《粤港澳大湾区高质量发展的若干思考》，《广东经济》2020年第5期。

③ 《以新发展理念引领粤港澳大湾区建设》，《南方日报》2019年2月27日。

④ 《"十四五"规划中粤港澳大湾区三大使命的制度创新意义》，《深圳特区报》2021年4月13日。

⑤ 曹小曙：《粤港澳大湾区区域经济一体化的理论与实践进展》，《上海交通大学学报》哲学社会科学版2019年第5期。

江三角洲地区城市化发展迅猛，土地、劳动力等价格逐渐攀升，传统的国际比较优势下降，三次产业结构发生明显变化，各地区间的产业基础和分工协作水平亦大幅提高，原先的经济发展模式已不适用现实的发展。[①]珠江三角洲经济亟待转型升级，需要发展构建以科技创新为引领的高质量发展体制机制，需要探索新的体制机制以促进全方位融合的改革进程。[②]粤港澳大湾区建设正是呼应了珠江三角洲城市基于外部市场压力和自身结构性转型困境产生的需要。[③]所以，粤港澳大湾区建设要着眼于制度集成创新，以制度优势吸引国际投资，以创新驱动为发展动力，促进大湾区三地产业分工协作水平和整体发展质量提升，从而在全球市场体系中逐渐占据更有利的位置。

粤港澳大湾区建设是推动形成全面开放新格局的新路径。习近平总书记在参加十三届全国人大一次会议广东代表团审议时，要求广东抓住粤港澳大湾区建设的重大机遇，在形成全面开放新格局上"走在全国前列"。粤港澳大湾区对外开放具有先天优势，除了珠江三角洲城市外向型经济特征明显、发展基础良好的自身条件外，港澳作为国际自由贸易港的高度开放和自由，让大湾区成为我国开放水平最高的地区之一。构建全面开放新格局意味着从原先的要素开放走向制度开放。粤港澳大湾区作为联动国内市场和国际市场的关键节点，承担着推动构建以国内大循环为主体、国内国际双循环相互促进的新发展格局的任务。[④]粤港澳大湾区建设是我国新时代进一步全面深化改革的制度安排，是我国对外开放走向制度开放的必然选择，是我国外向型市场经济走向开放型经济的必然路径。因而，粤

---

①　倪外、周诗画、魏祉瑜：《大湾区经济一体化发展研究——基于粤港澳大湾区的解析》，《上海经济研究》2020年第6期。

②　陈广汉、刘洋：《从"前店后厂"到粤港澳大湾区》，《国际经贸探索》2018年第11期。

③　《粤港澳大湾区建设：打造世界级创新平台标杆》，中国社会科学网2020年4月15日。

④　何立峰：《深化粤港澳合作　推进大湾区建设》，《求是》2021年第11期。

港澳大湾区建设是构建全面对外开放新格局的重要部署，是建设"一带一路"的重要支撑，是我国加大对外开放力度、参与更高层次国际经济合作和竞争的重要路径。

粤港澳大湾区建设是"一国两制"的新实践。自2003年实施《内地与香港关于建立更紧密经贸关系的安排》《内地与澳门关于建立更紧密经贸关系的安排》（CEPA）以来，粤港澳三地在投资贸易领域开展了卓有成效的合作，极大地加速了粤港澳三地之间投资贸易便利化进程，促进了产业链上下游间的协调合作，加速了三地经济贸易一体化进程。①《规划纲要》发布以后，中央明确提出要加快区域间制度性协调发展、加快制度创新。大湾区内的自贸试验区（深圳前海、广州南沙、珠海横琴）以制度创新为引领，充分利用地缘优势，带动大湾区内地九市与港澳探索协同发展新模式，最终建成一个有效的区域共治体系。②粤港澳三地合作转向制度性合作是历史发展的必然，是新时代"一国两制"理论发展新阶段的内在需求。粤港澳三地合作从经济领域逐步扩大至社会、民生、生态等的全方面合作，其所积累的经验又将丰富"一国两制"理论的内涵和外延。

粤港澳大湾区建设是全球经济的新增长极。目前，纽约、旧金山、东京三大湾区作为世界级的经济增长极，在全球经济中各自占有重要的地位。粤港澳大湾区与世界三大湾区相比既具有湾区经济的共性，也有属于自己的鲜明特性。粤港澳大湾区最大的特点在于"一个国家、两种制度、三种货币、三个独立的关税区"，区内制度有差异性也有互补性。建立在"一国两制"制度创新基础上的一体化发展道路是对跨越基本经济制度差异、实现中西经济发展模式联动融合的探索，也是对国际社会上不同经济

---

① 刘金山、文丰安：《粤港澳大湾区的创新发展》，《改革》2018年第12期。

② 刘成昆：《融入城市群，打造湾区经济——粤港澳大湾区城市群发展分析》，《港澳研究》2017年第4期。

制度下交流合作中可能遇到的问题给出的"中国方案"，为国际社会提供了新的跨制度经济发展范式。粤港澳大湾区建设是中国特色经济发展体制与世界产业经济接轨、优化的最新尝试，蕴含着丰富的中国特色经济规划思想，是对全球经济理论发展的重要贡献①。粤港澳大湾区经济规模大、产业分工完备，拥有比其他湾区种类更丰富的产业集群，具备条件成为高水平、高活力、高创新能力的世界级产业集聚地，成为全球创新体系中的重要一环。②粤港澳大湾区经济一体化的发展进程是推动中国企业在全球产业链和价值链中不断攀升，从引入、发展、升级最终成为全球经济发展的重要一极。

　　"四个自信"是粤港澳大湾区建设的精神指引。粤港澳大湾区建设是新时代的伟大工程，从决策到实施无不体现了"四个自信"的精神底色和思想导引。粤港澳大湾区是"道路自信"的重要体现。从湾区经济发展理论和国际湾区发展的历程来看，一体化战略共识是大湾区经济一体化发展的重要基础。从党的十九大、二十大报告精神来看，粤港澳大湾区是支持香港、澳门融入国家发展大局，推动香港、澳门居民在内地获得事业发展机会的重要举措。这是一个主次分明、以我为主的战略部署，意味着港澳回归50周年之后，可以使港澳现行的发展道路融入中国特色社会主义道路之中，而非各行其道。因而，粤港澳大湾区建设一定是基于中国特色社会主义道路这个战略共识来推进的。无论是港澳融入国家发展大局，还是深圳建设中国特色社会主义先行示范区，均是基于此战略共识的部署。粤港澳大湾区是"理论自信"的重要体现。在《深化粤港澳合作　推进

---

① 倪外、周诗画、魏祉瑜：《大湾区经济一体化发展研究——基于粤港澳大湾区的解析》，《上海经济研究》2020年第6期。
② 孙建捷：《粤港澳大湾区，中国经济新的增长极——粤港澳大湾区与世界湾区经济研究》，《住宅与房产》2021年第8期。

大湾区建设框架协议》中，要把粤港澳大湾区打造为国际科技创新中心，要构建高端引领、协同发展、特色突出、绿色低碳的开放型、创新型产业体系。粤港澳大湾区建设是以习近平新时期中国特色社会主义思想为指导思想，以新发展理念和"一国两制"理论作为基本原则，绝非简单照搬香港、澳门的成功经验和西方国家的发展模式，是以习近平总书记为核心的党中央对粤港澳大湾区发展实践情况和时代脉搏准确把握的基础上做出的科学判断，①具有高度的"理论自信"。粤港澳大湾区是"制度自信"的重要体现。制度自信与道路自信、理论自信是一脉相承的。粤港澳大湾区建设的根本出发点就是要激发与释放"一国两制"的制度红利，就是要在"一国"的前提下，突破"两种制度、三个关税区"的障碍，实现港澳融入国家发展大局。粤港澳大湾区要跨越经济制度差异，探索区域一体化发展新模式，成为可供其他地区借鉴的样本。在2018年全国两会的《政府工作报告》指出，"出台实施粤港澳大湾区发展规划纲要，全面推进内地同香港、澳门互利合作"②，放在了区域协调发展篇章中。因而，粤港澳大湾区是作为国家战略整体来谋划的，其本质是坚实一国之基、善用两制之利，其内涵是要充分发挥中国特色社会主义制度的优越性。粤港澳大湾区是"文化自信"的重要体现。在《深化粤港澳合作　推进大湾区建设框架协议》中，提出了"建设以中华文化为主流、多元文化共存的交流合作基地"的合作目标。港澳与珠江三角洲城市文化同源，语言相通，经济和文化沟通交流频繁，具有共同的风俗文化基础。受历史和地缘位置影响，港澳还是一个中西文化荟萃交融的区域，西方文化对港澳社会发展具有重要的影响。粤港澳大湾区的建设涉及文化层面的交流与发展，从其合作目

---

① 韩喜平：《论中国特色社会主义理论自信的生成逻辑》，《学术论坛》2019年第4期。
② 李克强：《政府工作报告——2018年3月5日在第十三届全国人民代表大会第一次会议上》，中国政府网2018年3月5日。

标来看，明确提出以中华文化为主流，其内涵就是要把粤港澳大湾区建设成为独有的中华文化的湾区，而非亦步亦趋地照搬国际其他三大湾区的模式。

　　推进"中国式现代化走在前列"是粤港澳大湾区建设的实践动力。习近平总书记2018年两会期间在参加广东代表团审议时对广东提出"四个走在全国前列"的新要求，即在构建推动经济高质量发展体制机制、建设现代化经济体系、形成全面开放新格局、营造共建共治共享社会治理格局上走在全国前列。2023年4月，习近平总书记在广东调研时强调，广东要围绕高质量发展这个首要任务和构建新发展格局这个战略任务，在全面深化改革、扩大高水平对外开放、提升科技自立自强能力、建设现代化产业体系、促进城乡区域协调发展等方面继续走在全国前列，在推进中国式现代化建设中走在前列。"四个走在全国前列"与"中国式现代化走在前列"是一以贯之，具有内在一致性的。粤港澳大湾区建设是广东"走在全国前列"的重要基础和动力。构建推动经济高质量发展体制机制，其核心就是以市场配置资源为主导，高端要素自由流动，破除阻碍和限制经济发展的行政壁垒和繁文缛节。在粤港澳大湾区内有三个自由贸易试验区（深圳前海、广州南沙、珠海横琴）和两个国际自由贸易港（香港和澳门）。港澳高度市场化的经验，可以为构建推动经济高质量发展体制机制提供天然的样板和经验。自由贸易试验区可以为港澳经验在内地对接、复制和推广提供"试验田"和进行压力测试。"港澳经验+自贸试验区制度创新"，将是广东"走在全国前列"的重要基础和动力。粤港澳大湾区建设是广东"走在全国前列"的重要支撑和平台。构建现代化经济体系，应该是市场化水平极高、现代化产业体系完备、科技创新活跃、国际交流合作畅通、人与自然和谐发展的一个生态体系。它是以经济发展为主导的，其他利益相关者和谐共荣的体系。粤港澳大湾区建设有七个重点合作领域，涉及基础设施、市场一体化、科技创新、现代产业体系、国际合作支持重大合作平台建设和宜居宜业宜游的优质生活圈。粤港澳大湾区建设就是围绕现代化经济体系来打造的，"9+2"的规划设计最大程度地考虑了广东的优质资源和港澳的国际资源。因而，粤港澳大湾区的建设就是广东"走在全国前列"的重要支撑和平台。粤港澳大湾区建设是广东"走在全国前列"的重要特色和亮点。形成全面开放新格局，就是推动全面开放，加快发展更高层次的开放型经济，加快培育贸易新业态新模式，积极参与"一带一路"建设，不断提升开放合作的能级和水平。对广东而言，最重要的抓手就是成为参与"一带一路"建设的"桥头堡"。广东是全球制造业的中心，是中国对外贸易的重要窗口和基地。这是广东参与"一带一路"建设的最大优势。但是仅有巨额贸易量还不够，还需要符合国际化规则的专业服务和人才。香港是全球第三大金融中心，拥有高度国际化的市场、人才与技术，澳门也具有国际化专业服务的优势，可以与广东形成优势互补。港澳"超级联系人"+广东的贸易动能+中国式的发展速度，将成为粤港澳大湾区服务"一带一路"建设的重要特色和亮点。粤港澳大湾区建设是广东"走在全国前列"的重要保障和优势。营造共建共治共享社会治理格局，是治理体系和治理能力现代化的发展方向。2018年李克强总理在《政府工作报告》中指出，共建共治共享的关键是让全社会各阶层具有参与感，发挥社会组织、第三方中介组织对社会和谐的黏合作用，加强社会信用体系建设。港澳作为国际自由贸易港，在公共服务体系、社会组织发展及社会信用体系等方面积累了丰富的经验，为大湾区建设提供最直接的借鉴和样本。粤港澳大湾区建设是"千年大计"，粤港澳大湾区建设要成为"一国两制"合作的范本，形成共建共治共享社会治理格局就是最好的注解。粤港澳大湾区是绝佳的社会治理创新"先行地"，是广东"走在全国前列"的重要保障和优势。

粤港澳大湾区建设的时代背景和历史渊源

CHAPTER 1

一　粤港澳大湾区建设的时代背景

（一）国际背景

百年未有之大变局加速演进，工业革命以来西方发达国家主导的世界格局深刻调整，新兴市场和发展中国家群体性崛起。虽然"西强东弱"的总体格局尚未改变，但"东升西降"的态势日趋明显。亚太地区占全球经济的份额不断提高，中国在亚太地区的地位持续上升，世界经济格局加速重构。随着我国经济实力、科技实力和综合国力的跃升，一些西方国家视我国为主要战略竞争对手，我国发展外部环境日趋复杂严峻。回顾过去，中国不但在40多年前实施了改革开放，而且在21世纪初加入了世界贸易组织（WTO，简称世贸组织）通过大规模"引进来"，参与全球价值链分工，极大地推进了中国的现代化步伐，加速了融入国际社会的步伐。中国是过去40多年来全球化的最大受益者，面对全球化的重大阻力，中国坚持拆墙而不筑墙，开放而不隔绝，正如习近平总书记在2017年初达沃斯世界经济论坛的主旨演讲中指出的那样："要主动作为、适度管理，让经济全球化的正面效应更多释放出来……不断提升发展的内外联动性。"①粤港澳大湾区地处我国沿海开放前沿，以泛珠江三角洲区域为广阔发展腹地，正是我国提升发展内外联动性的生动实践地。2017年3月，在第十二届全国人大五次会议上，"粤港澳大湾区"首次被写入《政府工作报告》，并提升至国家战略体系层面，是基于对世界政治经济格局加速变化的重要考量，是新时代推动形成全面开放新格局的新尝试。

特朗普上台后，美国为维护自身利益、遏制中国发展，加紧在经贸、

---

① 　《粤港澳大湾区发展规划纲要》，新华网2019年2月18日。

科技等领域对华"脱钩断链",寻求供应链"去中国化",人为割裂全球产供链,严重破坏市场规则和国际经贸秩序,这对中国自身构建封闭型供应链提出更高要求。一方面,美国调整了策略,陆续将制造业基地转移至东南亚等发展中国家,大规模产业转出风险影响了中国供应链稳定;另一方面,中国拥有超大规模市场,处于全球产供链"超级节点",完整配套能力不可替代。中国产业升级将带动区域产供链加深重构,基于此,在我国产业体系完备、创新要素聚集的地方推进粤港澳大湾区建设,是在国家层面进行强化区域合作,推动优质产业进入全球供应链体系的一个重要举措。中国以实际行动证明了中国愿意同世界分享发展机遇,坚持拆墙而不筑墙、积极融入世界经济,坚持打造以战略性新兴产业为主导、先进制造业和现代服务业为主体的产业结构,坚持扩大高水平对外开放,吸引跨国企业对华投资,促进生产要素全球流动,将粤港澳大湾区建设成为世界经济的新增长极,为世界经济提供强劲动力。

(二)国内背景

党的十八大以来,中国特色社会主义进入新时代,我国社会主要矛盾转化为人民日益增长的美好生活需要和不平衡不充分的发展之间的矛盾。习近平总书记指出,"发展中的矛盾和问题集中体现在发展质量上"。习近平经济思想创造性地提出我国经济已由高速增长阶段转向高质量发展阶段的重大论断,强调要立足新发展阶段,推动高质量发展,推动质量变革、效率变革、动力变革,实现更高质量、更有效率、更加公平、更可持续、更为安全的发展,更好地满足人民在经济、政治、文化、社会、生态等方面日益增长的需要,更好地推动人的全面发展、社会的全面进步。具体来看,经济全球化步入"十字路口",全球价值链贸易与分工方式出现新变化,国内经济发展进入新常态,特别是中国制造业传统要素红利逐渐消失，正面临着成本上升、资源环境约束、消费升级等多重挑战。这意味着目前整体经济呈现明显的增长乏力的困局，已经到了一个发展的瓶颈点。中国面对这样的多重挑战，实施了坚决的宏观调控，坚定去产能、去库存、去杠杆、降成本、补短板。但必须认识到传统宏观经济刺激手段越来越不能适应当前的形势，解决中国宏观经济健康发展迫切需要改善供给侧环境、优化供给侧机制，通过供给侧结构性改革，大力激发微观经济主体活力，推动经济模式从传统型向创新型迈进，实现提质增效。

中国经济发展进入了由量变到质变的关键时期。自加入世贸组织以来，通过加入全球分工体系，发挥自身的比较优势，中国经济发展获得了巨大成功，成为全球第二大经济体和第一大对外贸易国，珠江三角洲地区也是中国经济增长速度和数量规模优势的典型代表，将中国的制造业从零起步，发展成全球制造业供应链当中一个最大的节点。从战略的角度看，中国必将谋求由经济大国转变为经济强国，这就要求中国在生产技术、产业模式、发展理念等方面由跟随者向引领者转变，为世界经济发展提供新动能、新方案。要实现这个战略目标，在区域经济层面，就必须构造同样是节点的新的空间引擎，这一战略使命历史性地落在了粤港澳大湾区上。

粤港澳大湾区是新技术、新产业、新业态、新模式的基地。依托香港、澳门作为自由开放经济体和广东作为改革开放排头兵的优势，形成了以开放和创新为主要动力的经济体系，是全球科技创新高地和新兴产业重要策源地。由于有香港和澳门两个世界级城市，大湾区作为内外循环的衔接带具有重要而特殊的使命与角色，而且是内地其他城市无法代替的。在这里，既有利于协助执行各种国际贸易协议，特别是与东盟及其他地区的合作，及与"一带一路"相关的离岸项目，也对内衔接着关键制度性开放试验区，包括横琴、前海、南沙、河套等，乃至海南自贸港和全国其他自贸片区，最有条件成为新发展格局的战略支点。

二 粤港澳大湾区的发展演进

粤港澳合作关系源远流长，改革开放尤其是CEPA签署以来，三方合作取得了很大进展。粤港澳大湾区融合发展是我国改革开放40多年来的一个缩影，从民间自发合作到政府搭台服务、从垂直分工到融合发展的渐进过程，并在国际金融危机的冲击下日趋紧密。

粤港澳大湾区以珠江口为依托，集聚了珠江三角洲9个城市和香港、澳门2个特别行政区，其概念前身为"环珠江口湾区"，①最早在1980年的学术讨论会上提出，2010年《粤港合作框架协议》首次提出"粤港澳大湾区"的概念。2017年全国两会《政府工作报告》中粤港澳大湾区建设正式成为国家发展战略。

（一）粤港澳合作：改革开放之前

粤港澳自古以来就保持着密切的关系。远古港澳文化遗址与广东的史前遗迹大同小异。如香港深湾、蟹地湾遗址等与澳门路环黑沙遗址和广东珠江三角洲一带的众多遗址（包括深圳大梅沙遗址、小梅沙遗址，珠海后沙湾遗址等）一样，大多分布在沿海或岛屿的沙堤，出土的盘、碗、杯等文物也带有一些共同的特征。从秦朝开始，港澳就成为广东的下属行政区域。秦始皇三十三年（公元前214年），秦朝在今广东地区设立南海郡，下设番禺、四会、龙川、博罗四县，香港、澳门隶属于番禺县。东晋时，香港、澳门划归东官（莞）郡宝安县。唐至德二年（757年），港澳隶属于岭南道广州都督府东莞县。宋绍兴二十二年（1152年），澳门划归新设

---

① 陈德宁、郑天祥、邓春英：《粤港澳共建环珠江口"湾区"经济研究》，《经济地理》2010年第10期。

立的香山县。明万历元年（1573年），香港划归新建的新安县管辖。自此到近代为止，除短暂一段时期外，香港基本上隶属于广东省新安县（民国时恢复古名宝安），澳门则隶属于广东省香山县。

明嘉靖三十二年（1553年）葡萄牙人入居澳门后，粤澳关系逐步发生变化。但广东地方政府仍然保持对澳门的严密管治，粤澳两地关系仍然十分紧密。政治上，广东有专门的官员负责管理澳门。明代时，澳门在行政上由香山县主管。军事上，广东地方政府对澳门严加防范。明政府在距澳门一日之程的雍陌设有参将府，调兵千人戍守。经济上，澳门是明代广东对外贸易的外港，是清代广东对外贸易的重要港口。广东的大量物产通过澳门运往南洋、欧洲、日本和墨西哥等地。由于在很长一段时间里，外国来广东的商船不得直入广州贸易，须先在澳门办理相关手续，外国商人按规定也不得在广州居住，澳门由此成为入粤贸易的外国商船的停泊地和在广州贸易的外商旅居地。文化上，澳门成为中西文化交流的中介地，天主教、基督教及西方科技知识经由澳门传入广东，中国传统文化和广东地方语言也由澳门传到西方。

鸦片战争后，粤港澳关系发生了根本变化。粤港澳同属一个行政区域的历史结束，三地关系变为不同国家管治的三个中国地区的关系。从鸦片战争到辛亥革命期间，港英、澳葡当局从未停止扩大其殖民利益，并屡屡得手。在反对港英、澳葡当局及西方列强侵略中国、压制港澳居民的斗争中，粤港澳民众相互支持，携手合作。每当英国人有侵害香港华人或广东甚至中国政府利益的行为时，从事各行业的香港华人就会离开香港，回到广州，使香港经济和社会生活陷于瘫痪。广东民众也通过不同形式与港澳民众携手合作，共同反对港英和澳葡当局的侵略行为。与此同时，港澳相对自由的社会环境和作为中西方文化交流中心的地位，为中国内地特别是广东的启蒙思想家和革命者提供了一定范围的活动舞台。

与此同时，粤港澳经济关系出现了较大变化。由于香港作为自由港的兴起，澳门在广东对外贸易中的地位被香港取代，粤港关系日益密切。在19世纪后半期的较长一段时期内，以香港和澳门为基地的鸦片走私贸易和苦力贸易是影响粤港关系的两种活动。但随着香港基础设施的逐步完善，港英当局的经济政策也提供了有利的营商环境，香港对商家的吸引力增大。

粤港澳经济关系在民国时期得到进一步发展。粤港相互投资增多，一批粤港联号企业发展成为粤港两地的著名企业。广东实业家因受时局动荡的影响，于抗战初期和战后国共内战时期先后两次大规模将工厂迁徙至香港，为香港的工业化奠定了基础。从20世纪20年代起，香港已成为广东对外贸易的中心。广东与香港的贸易关系不断发展，两地互为重要的贸易伙伴。随着粤港澳经济的发展和三地相互来往的增多，许多香港银行在广州开设分行，广东的金融机构也把分支机构扩展到香港。港币通用于广东各地，并一度在广东金融市场占有垄断地位，粤港金融联系也进一步加强。

中华人民共和国成立后，由于东西方处于冷战状态，属于西方阵营、追随美国的英国和葡萄牙对属于东方阵营的中华人民共和国持敌视和怀疑态度，致使粤港澳关系陷于空前的低潮。在政治关系起伏不定的影响下，粤港澳经济关系困难重重，但也有所发展。例如中华人民共和国成立初期，中国政府在港澳的中资企业分为接管的国民党留港企业和中国共产党投资的企业两类。前者有中国银行、中国旅行社、招商局、交通银行、中国植物油料厂、中央信托局、中国农民银行、中国保险公司和太平洋保险公司等，后者有香港华润公司和澳门南光公司。1952年中国政府成立了公私合营银行驻港联合办事处（以下简称"联办"），统一领导各行在香港的分支机构。1958年联办撤销，旗下金融机构统一归中国银行总管理处驻港总稽核室领导。1965年底，中国银行领导的中资银行共14家，包括中国银行香港分行、交通银行香港分行、广东银行香港分行等。香港华润公司和澳门南光公司都是中国共产党在战争年代投资的红色商贸企业。华润公司的前身是八路军驻香港办事处（粤华公司），1948年12月又在香港注册为"华润公司"。中华人民共和国成立后，中共中央对党在香港的所有贸易机构进行归并，由华润公司统一领导。1952年10月，华润公司根据中央决定由中央委员会办公厅管理的党企转为国务院外贸部领导的国企。1955年，华润公司根据国家政策与13家外贸总公司签约，成为在港中国对外贸易的独家总代理。直到20世纪60年代末，内地与港澳贸易才开始稳定发展。内地与港澳的经济关系和广东关系密切，内地与港澳的进出口贸易均通过广东来进行，同时内地出口的商品中大部分来自广东。中共十一届三中全会后，中国开始实行改革开放政策。为了尽快实现现代化，中国与世界各国、各地区广泛交往，多方吸引外来技术和投资。港澳成为中国内地引进资金、技术和管理经验的重要来源，粤港澳关系也因此进入了一个全新的历史时期。

（二）珠江三角洲合作：改革开放后

改革开放后至2012年，中国特色社会主义进入新时代，是粤港澳大湾区协同发展的扩散阶段，又以2003年粤港澳三地签署《内地与港澳关于建立更紧密经贸关系的安排》（简称"CEPA协议"）为界，分为前期和后期。

在改革开放前期，随着全方位、多层次和宽领域的开放政策的深入推进，香港、澳门到珠江三角洲地区投资建厂，实施国际化的垂直分工。从20世纪80年代开始，珠江三角洲选择了以轻型、外向的产业为主的发展战略，利用改革开放的制度优势与毗邻港澳的区位优势，即以低成本的土地资源、劳动力和宽松的金融政策承接香港的劳动密集型制造业转移，香港发挥自由港优势负责接单、销售和管理，采取"三来一补"（"来料加工""来件装配""来样加工"和"补偿贸易"）模式发展了本地的劳动密集型产业，加快了广东的工业化进程。而香港和澳门通过其历史发展积累起来的对外贸易优势，通过研发新产品、创新新工艺和引进新技术，推广产品并进行对外贸易、销售，拓展海外市场，从而在合作分工中承担"店"的角色，并在其中起到非常重要的作用。一方面，珠江三角洲地区利用土地资源和劳动力来加工、制造和组装产品，起到了"工厂"的作用。与国际市场相比，香港和澳门位居前列，珠江三角洲位居第二，它们彼此密切合作，生动地称此为"前店后厂"模式。另一方面，澳门与内地形成"子母厂"的合作模式。20世纪60年代，欧美国家开始限制香港的纺织品及成衣进口，70年代更实行进口配额制度，澳门由于豁免配额限制且劳动力成本较低，吸引了大批香港企业投资设厂，出口加工业尤其是纺织业迅速崛起。80年代，澳门纺织业进入全盛时期，受到改革开放政策利好的影响，澳门部分厂商将工厂或加工工序移到珠江三角洲，由内地"子厂"进行主要的加工生产，澳门"母厂"则负责接单、采购、销售等，"前店后厂"的分工进一步细化。90年代，来自台湾地区的电子信息和家电制造等具有较高技术附加值的产业，以投资办厂和贴牌生产相结合的方式向珠江三角洲地区转移，进一步促进了广东省的产业升级。由此观之，改革开放激活了珠江三角洲工业经济的发展，经济特区建设、乡镇企业、外向型加工等多种动力的影响，使珠江三角洲中小城镇迅速崛起。

香港、澳门相继回归后，三地的协调合作建立在"一国两制"的大框架下，政府的推动作用逐渐扩大。同时期珠江三角洲地区工业化和现代化进程的加快对香港、澳门在亚洲金融危机后的复苏起到了关键性的促进作用，港澳也积极扩展与内地的合作。香港与广东、澳门与广东分别设立了粤港、粤澳联席会议制度，使两地高层协调会议常态化，该机制使粤港澳合作上升至政府层面，使粤港澳合作由单纯的民间合作向政府推动的全方位合作转变，促进了两地的协调发展。

经过改革开放20多年的发展，内地与港澳经贸交流已经呈现了相互协作配套、分工明晰的合作态势。为促进中国内地和中华人民共和国香港特别行政区、澳门特别行政区经济的共同繁荣与发展，加强三地与其他国家和地区的经贸联系，三地于2003年决定签署《内地与香港关于建立更紧密经贸关系的安排》框架性协议，这是内地第一个全面实施的自由贸易协议，至此引导粤港澳三地合作由自发向政策方向转变。20年多来，从货物到服务、投资，从广东到内地，从"正面清单"到"负面清单"，CEPA框架下，内地与香港之间的合作空间不断拓展，合作方式不断升级。

2004年《泛珠江三角洲区域合作框架协议》的签订标志着"9+2"合作机制初步建立，促进粤港澳及周边地区多方面合作发展，合作形式和内容向多元化发展。2005年，广东省委、省政府与建设部组织编制了《珠江三角洲城镇群协调发展规划（2004—2020年）》（以下简称《规划》），《规划》正式提出了"湾区"概念，首次提出将珠江三角洲建设成为世界级城镇群的要求，并要求建成珠江三角洲重要的新兴产业基地、专业化服务中心和环境优美的新型社区。2009年，粤港澳三地共同编制《大珠江三角洲城镇群协调发展规划研究》，赋予"一湾三区"（环珠江口湾区和广佛、港深、澳珠三大都市区）作为珠江三角洲城市群的"标志"和"中枢"的重要角色。2009年，国家发展和改革委员会公布《珠江三角洲地区改革发展规划纲要》（2008—2020年）（以下简称《纲要》），《纲要》将珠江三角洲9市与港澳的紧密合作纳入规划，这意味着珠江三角洲地区的发展提升至国家发展层面，并把粤港澳合作明确为国家政策。在重大基础设施对接、产业合作、共建优质生活圈以及创新合作方式上进一步明确了推动粤港澳紧密合作的政策意图。同年，广东省委、省政府出台了《关于推进与港澳更紧密合作的决定》，推动粤港澳合作与开放朝着制度、政策、法律规范化层面发展。为贯彻该决定要求，推进与港澳更紧密合作，广东省政府于2010年和香港特别行政区政府签订《粤港合作框架协议》，这是粤港合作的第一个纲领性文件，确定了粤港合作的定位，首次清楚罗列粤港双方的分工和互补。次年，广东省政府和澳门特别行政区政府签订《粤澳合作框架协议》，全面涵盖了粤澳经济、社会、民生、文化等各合作领域，明确了新形势下粤澳合作的定位、原则、目标。

（三）粤港澳大湾区：新时代

珠江三角洲区域融合发展以来，港澳与内地在经贸合作领域成绩显著，从地方政策到国家政策，从框架协议到规划纲要，"粤港澳大湾区"建设同中国特色社会主义建设步伐一致。进入新时代，"粤港澳大湾区"建设已经渐渐地从一个议题走向了开展实施的阶段，党中央、国务院从战略全局的高度，逐步描绘出粤港澳大湾区共同发展的蓝图，推动粤港澳大湾区深层次融合。2019年2月18日，中共中央、国务院印发了《粤港澳大湾区发展规划纲要》，对粤港澳大湾区的战略定位、发展目标、空间布局等方面作了全面规划，明确了新时代建设粤港澳大湾区的总体要求和发展目标，大湾区建设全面推进。

2015年4月，广东自贸试验区正式挂牌成立，实施范围116.2平方公里，包括广州南沙新区、深圳前海蛇口、珠海横琴新区三个片区，广东自贸试验区被赋予了"依托港澳、服务内地、面向世界，将自贸试验区建设成为粤港澳深度合作示范区、21世纪海上丝绸之路重要枢纽和全国新一轮改革开放先行地"的战略定位，将营造国际化、市场化、法治化营商环境，构建开放型经济新体制，实现粤港澳深度合作，形成国际经济合作竞争新优势。同年9月，"珠江三角洲国家自主创新示范区"获国务院批复，拟将珠江三角洲建设成为中国开放创新先行区、转型升级引领区、协同创新示范区、创新创业生态区，打造国际一流的创新创业中心。为落实"一带一路"倡议，2015年3月，由国家发改委、外交部、商务部联合出台的《推动共建丝绸之路经济带和21世纪海上丝绸之路的愿景与行动》第一次在国家层面提出了"粤港澳深化合作，打造粤港澳大湾区"的构想。2016年3月，《中华人民共和国国民经济和社会发展第十三个五年规划纲要》（国家"十三五"规划）发布，明确提出"支持港澳在泛珠江三角洲区域合作中发挥重要作用，推动粤港澳大湾区和跨省区重大合作平台建设"；同月，国务院印发《关于深化泛珠江三角洲区域合作的指导意见》，明确要求广州、深圳"携手港澳共同打造粤港澳大湾区，建设世界级城市群"。2017年3月，在第十二届全国人大五次会议上，"粤港澳大湾区"首次被写入《政府工作报告》，并提升至国家战略体系层面，与京津冀城市群、长江三角洲城市群等同，并作为"一带一路"倡议的延伸；7月，国家发改委与粤港澳三地政府共同签署《深化粤港澳合作 推进大湾区建设框架协议》，初步定出三地政府的分工、合作方向及协调机制等；10月，习近平在中国共产党第十九次全国代表大会上作报告，再次重申"要支持香港、澳门融入国家发展大局，以粤港澳大湾区建设、粤港澳合作、泛珠江三角洲区域合作等为重点，全面推进内地同香港、澳门互利合作"①。可见，粤港澳大湾区不仅是为了应对全球化转型对珠江三角洲的影响，也是国家层面支持港澳发展、促进深度回归的途径，更突显其重要性。

2019年2月18日，中共中央与国务院正式制定并发布《粤港澳大湾区发展规划纲要》，明确了粤港澳大湾区的指导思想与战略定位，此举标

---

① 《决胜全面建成小康社会 夺取新时代中国特色社会主义伟大胜利——在中国共产党第十九次全国代表大会上的报告》，《人民日报》2017年10月28日。

志着中国将深化珠江三角洲与港澳的合作，进而更积极主动地参与国际贸易，更积极地参与国际合作与竞争。同年7月，广东省印发《广东省推进粤港澳大湾区建设三年行动计划（2018—2020年）》，作为广东推进大湾区建设的施工图和任务书。2021年3月，"十四五"规划提出：支持粤港澳大湾区形成国际科技创新中心；建设粤港澳大湾区轨道交通网、世界级港口群与机场群等；深化通关模式改革，促进人员、货物、车辆便捷高效流动；扩大内地与港澳专业资格互认范围，深入推进重点领域规则衔接、机制对接；便利港澳青年到大湾区内地城市就学就业创业。2021—2022年，中共中央、国务院对横琴、前海、南沙三个重大战略合作平台进行全面规划部署，先后出台《横琴粤澳深度合作区建设总体方案》《全面深化前海深港现代服务业合作区改革开放方案》《广州南沙深化面向世界的粤港澳全面合作总体方案》。同时，香港于2021年提出"北部都会区发展策略"，计划与深圳紧密合作发展创科产业，构建"香港硅谷"新田科技城。2023年1月，广东省人大通过横琴粤澳深度合作区首部综合性法规《横琴粤澳深度合作区发展促进条例》，从治理体制、产业发展、便利澳门居民生活就业等六个方面作出规定。同年2月，为推动前海及横琴的金融产业发展，中央及地方多部门联合发布《关于金融支持前海深港现代服务业合作区全面深化改革开放的意见》《关于金融支持横琴粤澳深度合作区建设的意见》，为推动深港、琴澳金融规则衔接、金融要素互联互通及加强监管合作提供了政策支持。广东自贸区建设不断深化，粤港澳融合发展迎来广阔空间。

回顾改革开放以来的粤港澳合作，已经实现了从"前店后厂"加工贸易合作向更紧密的经贸合作（CEPA）、自贸区创新合作不断跃升。随着经贸合作的跃升，逐步形成了从供水民生保障向口岸通关、环境保护与治理、大型基建、文教卫体、知识产权保护、边界地区合作、社会保障、应急管理等多领域合作拓展的格局，也构筑了"行政协议+联席会议+专责小组"框架的合作机制，促进了粤港澳合作的持续推进。粤港澳大湾区的融合发展是一个长期过程，不仅是经济总量的提升，也是发展质量和效益的转变，更是三地社会、经济、文化、专业等制度的交往和百姓人心的融合。

▼三 习近平总书记对粤港澳大湾区建设高瞻远瞩的谋划

（一）习近平总书记"亲自谋划、亲自部署、亲自推动"

粤港澳大湾区是我国开放程度最高、经济活力最强的区域之一，在国家发展大局中具有重要战略地位。推进粤港澳大湾区建设，是习近平总书记亲自谋划、亲自部署、亲自推动的重大国家战略。习近平总书记在2023年4月视察广东时指出："粤港澳大湾区在全国新发展格局中具有重要战略地位。广东要认真贯彻党中央决策部署，把粤港澳大湾区建设作为广东深化改革开放的大机遇、大文章抓紧做实，摆在重中之重，以珠江三角洲为主阵地，举全省之力办好这件大事，使粤港澳大湾区成为新发展格局的战略支点、高质量发展的示范地、中国式现代化的引领地。"[①]大湾区建设前进的每一步，都离不开习近平总书记的关心和支持。

2012年12月，习近平总书记在党的十八大后首次离京考察就来到广东。他指出，希望广东联手港澳打造更具综合竞争力的世界级城市群。从2018年3月参加全国人大会议广东代表团审议，到2018年10月视察广东，

---

① 《坚定不移全面深化改革扩大高水平对外开放　在推进中国式现代化建设中走在前列》，《人民日报》2023年4月14日。

再到2020年10月再次到广东视察，习近平总书记每次都对大湾区建设作出重要指示、提出明确要求。2017年7月1日，习近平总书记在香港亲自见证国家发改委与粤港澳三地政府共同签署《深化粤港澳合作 推进大湾区建设框架协议》（以下简称《协议》），拉开了国家层面推动大湾区建设的帷幕。《协议》明确了"全面准确贯彻'一国两制'方针，完善创新合作机制，建立互利共赢合作关系，共同推进粤港澳大湾区建设"的合作宗旨，指明了推进基础设施互联互通，进一步提升市场一体化水平，打造国际科技创新中心，构建协同发展现代产业体系，支持推进深圳前海、广州南沙、珠海横琴重大粤港澳合作平台开发建设等合作重点领域，以及编制《粤港澳大湾区城市群发展规划》、完善协调机制、健全实施机制、扩大公众参与等体制机制安排。此后，习近平总书记多次在重大会议、重要场合对粤港澳大湾区建设作出重要指示、提出明确要求，为大湾区建设工作领航掌舵、把脉定向。

粤港澳大湾区具有"一国""两制"、三个关税区、三种法律制度的特点，有利于粤港澳三地发挥各自所长，实现优势互补、协同发展。习近平总书记在庆祝澳门回归祖国20周年大会暨澳门特别行政区第五届政府就职典礼上的讲话明确提出要求："要积极对接国家战略，把握共建'一带一路'和粤港澳大湾区建设的机遇，更好发挥自身所长，增强竞争优势。"① 但三地实现优势互补的同时也在客观上形成了一些体制机制障碍和问题。习近平总书记在深圳经济特区建立40周年庆祝大会上的讲话强调："要抓住粤港澳大湾区建设重大历史机遇，推动三地经济运行的规则衔接、机制对接，加快粤港澳大湾区城际铁路建设，促进人员、货物等各

---

① 《在庆祝澳门回归祖国20周年大会暨澳门特别行政区第五届政府就职典礼上的讲话》，新华社2019年12月20日。

类要素高效便捷流动，提升市场一体化水平。"①这为粤港澳大湾区破旧立新提供了重大决策参考。

习近平总书记高度重视粤港澳大湾区规划工作，反复强调、亲自指导，要求提高规划建设顶层设计水平。2017年12月18日，习近平总书记在中央经济工作会议上指出，粤港澳大湾区建设要科学规划，加快建立协调机制。2018年5月10日、5月31日，习近平总书记先后主持召开中央政治局常委会会议和中央政治局会议，对规划纲要进行审议。2019年2月，中共中央、国务院印发《粤港澳大湾区发展规划纲要》（以下简称《规划纲要》），《规划纲要》共分为规划背景、总体要求、空间布局、建设国际科技创新中心、加快基础设施互联互通、构建具有国际竞争力的现代化产业体系、推进生态文明建设、建设宜居宜业宜游的优质生活圈、紧密合作共同参与"一带一路"建设、共建粤港澳合作发展平台、规划实施要求对粤港澳大湾区建设近期至2022年，远期展望到2035年谋篇布局，是全面贯彻党的十九大精神，指导粤港澳大湾区当前和今后一个时期合作发展的纲领性文件。"实施粤港澳大湾区建设，是我们立足全局和长远作出的重大谋划，也是保持香港、澳门长期繁荣稳定的重大决策。"②四年后，党的二十大报告再次明确了粤港澳大湾区建设的战略定位："推进粤港澳大湾区建设，支持香港、澳门更好融入国家发展大局，为实现中华民族伟大复兴更好发挥作用。"③

---

① 《在深圳经济特区建立40周年庆祝大会上的讲话》，中国政府网2020年10月14日。
② 《会见香港澳门各界庆祝国家改革开放40周年访问团时的讲话》，新华社2018年11月13日。
③ 《高举中国特色社会主义伟大旗帜 为全面建设社会主义国家而团结奋斗——在中国共产党第二十次全国代表大会上的报告》，《人民日报》2022年10月26日。

（二）习近平总书记对广东勇立新时代改革开放潮头的重要指示

"我对广东的工作始终寄予厚望，希望你们为国家、为民族作出更大贡献。"[①]习近平总书记对广东工作高度重视、亲切关怀、寄予厚望，党的十八大以来四次亲临广东视察、两次参加全国人大广东代表团审议、多次作出重要指示批示，亲自谋划、亲自部署、亲自推动粤港澳大湾区和深圳先行示范区建设，支持深圳开展综合改革试点，赋予广东重大机遇、重大平台、重大使命。

经济新常态下，我国全面深化改革的任务更加艰巨，改革的难度前所未有，改革事业已进入攻坚期、深水区，习近平总书记每到广东发展的重要关口，都及时为广东定向领航，指引广东在新时代改革开放中勇立潮头。广东是改革开放的排头兵、先行地、实验区，在中国式现代化建设的大局中地位重要、作用突出。改革开放以来党中央始终鼓励广东大胆探索、大胆实践。广东40多年发展历程充分证明，改革开放是党和人民大踏步赶上时代的重要法宝，是坚持和发展中国特色社会主义的必由之路，是决定当代中国命运的关键一招，也是决定实现"两个一百年"奋斗目标、实现中华民族伟大复兴的关键一招。"以更大魄力、在更高起点上推进改革开放""努力在全面建设社会主义现代化国家新征程中走在全国前列、创造新的辉煌"[②]，习近平总书记2020年10月考察广东时的重要指示，指引粤港澳大湾区在新时代深化改革开放道路上不断大胆探索，突破创新。

习近平总书记对广东勇立新时代改革开放潮头主要提出三个方面的

---

① 《坚定不移全面深化改革扩大高水平对外开放 在推进中国式现代化建设中走在前列》，《人民日报》2023年4月14日。

② 同上

工作要求：一是深化改革开放。庆祝改革开放40周年之际，面对国际国内形势的广泛深刻变化，习近平总书记在广东发出了"继续全面深化改革、全面扩大开放，努力创造出令世界刮目相看的新的更大奇迹"①的号召。"要在更高水平上扩大开放，高标准建设广东自由贸易试验区，打造高水平对外开放门户枢纽。要继续推进改革，抓好改革举措的协同配套、同向共进。"②举全省之力推动粤港澳大湾区和深圳先行示范区建设，牵引带动改革开放取得新突破。二是推动高质量发展。广东勇立潮头的战略机遇要靠高质量发展才能紧紧抓住。在全球经济增长乏力情况下，广东不断推进粤港澳大湾区和深圳先行示范区"双区"建设，走自力更生之路。习近平总书记指出："要重视实体经济，走自力更生之路。关键核心技术要立足自主研发，也欢迎国际合作。要加强教育和人才培养，夯实科技自立自强根基。"③同时也明确了广东依靠开放加强营商环境建设的方向："希望外国投资者抓住机遇，到中国来，到广东来，到粤港澳大湾区来，深耕中国市场，创造企业发展新辉煌。"④三是提高发展平衡性和协调性。"最富在广东，最穷也在广东。"一句老话折射老问题。面向未来，"广东要下功夫解决区域发展不平衡问题，加快推进交通等基础设施的区域互联互通，带动和推进粤东、粤西、粤北地区更好承接珠江三角洲地区的产业有序转移。"⑤习近平总书记强调区域协调发展是实现共同富裕的必然要求。

---

① 习近平：《在庆祝改革开放40周年大会上的讲话》，《人民日报》2018年12月19日。
② 《高举新时代改革开放旗帜 把改革开放不断推向深入》，新华网2018年10月25日。
③ 《立足自主研发 善用国际合作》，人民网2023年4月25日。
④ 《坚定不移全面深化改革扩大高水平对外开放 在推进中国式现代化建设中走在前列》，《人民日报》2023年4月14日。
⑤ 《坚定不移全面深化改革扩大高水平对外开放 在推进中国式现代化建设中走在前列》，《人民日报》2023年4月14日。

2021年9月，中共中央、国务院出台《横琴粤澳深度合作区建设总体方案》（以下简称《横琴方案》）及《全面深化前海深港现代服务业合作区改革开放方案》（以下简称《前海方案》）。2022年6月，国务院公布《广州南沙深化面向世界的粤港澳全面合作总体方案》（以下简称《南沙方案》），对合作平台建设进行全面规划部署。2023年9月，国务院又印发了《河套深港科技创新合作区深圳园区发展规划》（以下简称《河套规划》），以横琴、前海、南沙、河套为主的粤港澳大湾区重大合作平台体系框架更加清晰完善。

《横琴方案》主要围绕促进澳门经济适度多元发展初心，立足服务澳门、推动琴澳一体化发展进行谋划设计，希望通过新模式、新创造、新突破，将横琴打造成为一个全球投资者青睐的价值洼地、经济发展的新引擎，引领全国改革开放新步伐，开放程度最高。

《前海方案》主要是聚焦"扩区"和"改革开放"两个重点，围绕现代服务业这一香港的优势产业，支持香港和深圳在前海深化合作，携手打造全面深化改革创新试验平台和高水平对外开放门户枢纽，为香港的经济发展进一步拓展空间，也为深圳乃至内地的改革开放积累经验。

《南沙方案》突出"粤港澳全面合作"和"面向世界"这两个关键词，特别强调与港澳协同，共同扩大对外开放；"面向世界"指不仅包括港澳，还包括"一带一路"沿线其他国家和地区；"全面合作"体现在不仅有"走出去"，也有"引进来"，合作领域包括产业、科创、生态、海洋、社会、文化等。

《河套规划》提出要联动香港园区，加强与香港园区建设时序、重点领域、重大项目的衔接，推动设施互联、服务共享、创新协作，积极配合香港科技创新发展战略，有力支撑香港北部都会区规划建设。

（三）习近平总书记对广州、深圳高质量发展的重要指示

习近平总书记曾经用一句话阐释什么是"高质量发展"："高质量发展，就是从'有没有'转向'好不好'。"作为粤港澳大湾区里的四大中心城市之一，广州区域空间大，经济块头、人口规模、城市框架和发展潜力都很大，面临的阶段性困难和问题也很多，如何抓住粤港澳大湾区发展的重大战略机遇是新时代广州要解决的重要课题之一。2018年10月，习近平总书记在视察广东时，要求广州实现老城市新活力，在综合城市功能、城市文化综合实力、现代服务业、现代化国际化营商环境方面出新出彩。这是习近平总书记赋予的重要政治任务，是广州当前和今后一个时期的头等大事。广州清醒地认识到：唯有焕发新活力，才能将广州城市建设推上新水平。为深入贯彻落实习近平总书记对广东重要讲话和重要指示批示精神，广东省委于2019年10月正式下发《中共广东省委全面深化改革委员会关于印发广州市推动"四个出新出彩"行动方案的通知》（以下简称《通知》），《通知》提出，广州要充分发挥好粤港澳大湾区和深圳先行示范区"双区驱动效应"，不断强化广深"双核联动"，深化珠江三角洲城市战略合作，加快推进"四个出新出彩"实现老城市新活力，为构建"一核一带一区"区域发展新格局提供有力支撑。

2023年4月在广东考察时，习近平总书记围绕全面建设社会主义现代化国家的首要任务，提出明确要求。广东省委围绕实现习近平总书记赋予的使命任务，专门召开全会进行研究落实，提出"1310"具体部署，明确了现代化建设的施工图、任务书。各地都紧扣省委对于当地在全省工作大局中的定位，围绕"走在前列"的总目标，聚焦高质量发展首要任务，突出创先争优、力争上游的导向。广州提出锚定"排头兵、领头羊、火车头"标高追求，为全省实现"走在全国前列"总目标扛起广州担当、作出

广州贡献。深圳提出奋力在推进中国式现代化建设中走在前列、勇当尖兵。作为全国科技创新的一面旗帜，近年来，深圳依托创新驱动在高基数上实现高增长，特别是去年首次成为国内规模以上工业总产值、全部工业增加值"双第一"城市，发展动能更显强劲，尖兵作用更加突显。广深两大引擎的发展定位，将充分发挥对全省全局工作的牵引、带动作用，最大限度产生示范效应。

2020年10月，习近平总书记在深圳经济特区建立40周年庆祝大会上的讲话生动指出："深圳是改革开放后党和人民一手缔造的崭新城市，是中国特色社会主义在一张白纸上的精彩演绎。"①深圳等经济特区40多年改革开放实践，创造了伟大奇迹，积累了宝贵经验。在更高起点上推进改革开放，推动经济特区工作开创新局面，为全面建设社会主义现代化国家、实现第二个百年奋斗目标作出新的更大的贡献。习近平总书记提出了以下六点要求：第一，坚定不移贯彻新发展理念；第二，与时俱进全面深化改革；第三，锐意开拓全面扩大开放；第四，创新思路推动城市治理体系和治理能力现代化；第五，真抓实干践行以人民为中心的发展思想；第六，积极作为深入推进粤港澳大湾区建设。以改革创新精神在高质量发展方面率先示范。

2023年4月习近平总书记到广汽埃安新能源汽车股份有限公司考察企业突破核心技术进展情况时，对高新技术企业的发展方向作出了明确指示：要"努力在突破关键核心技术难题上取得更大进展"。②加强对中小企业创新的支持，培育更多具有自主知识产权和核心竞争力的创新型企业。而对深圳经济特区来说，既然国家赋予了"先行先试示范区"的新

---

① 《在深圳经济特区建立40周年庆祝大会上的讲话》，中国政府网2020年10月14日。
② 《坚定不移全面深化改革扩大高水平对外开放　在推进中国式现代化建设中走在前列》，《人民日报》2023年4月14日。

任务，那就必须在创新方面取得新的突破。2019年8月18日，中共中央、国务院发布了《关于支持深圳建设中国特色社会主义先行示范区的意见》（以下简称《意见》），《意见》指出，深圳要继续加快实施创新驱动发展战略，作为粤港澳大湾区综合性国家科学中心的"主阵地"来建设，提出了建设"国际科技信息中心""粤港澳大湾区的大数据中心"等重大创新方向和创新载体，促进产学研深度融合。

习近平总书记强调，广东要始终坚持以制造业立省，更加重视发展实体经济，加快产业转型升级，推进产业基础高级化、产业链现代化，发展战略性新兴产业，建设更具国际竞争力的现代化产业体系。他指出，实体经济是一国经济的立身之本、财富之源。先进制造业是实体经济的一个关键，经济发展任何时候都不能脱实向虚。而深圳作为经济特区和国家创新型城市，《意见》提出深圳要建设现代产业体系，要发展战略性新兴产业、智能经济、数字经济，促进互联网、大数据、人工智能与实体经济的融合。

广东是中国第一经济大省，但也有明显的短板弱项。2018年，习近平总书记赴广东考察时就一针见血地指出，城乡区域发展不平衡是广东高质量发展的最大短板。2023年考察时，习近平总书记再次言明初衷："就整个广东来讲，珠江三角洲是经济最发达的地方。但广东要发展，不仅要靠珠江三角洲，粤北、粤东、粤西这些地区也要联动发展。中国式现代化就是要促进共同富裕，解决区域发展不平衡的问题。"① "要下功夫解决城乡二元结构问题，力度更大一些，措施更精准一些，久久为功。要坚持辩证思维，转变观念，努力把短板变成'潜力板'，充分发挥粤东西北地区生态优势，不断拓展发展空间、增强发展后劲。"②

---

① 《坚定不移全面深化改革扩大高水平对外开放　在推进中国式现代化建设中走在前列》，《人民日报》2023年4月14日。

② 《广东扎实推进城乡区域协调发展》，《人民日报》2023年12月24日。

以高质量发展为牵引，高水平推进广东现代化建设是习近平总书记赋予广东的使命任务。"实践证明，改革开放道路是正确的，必须一以贯之、锲而不舍、再接再厉。深圳要扎实推进前海建设，拿出更多务实创新的改革举措，探索更多可复制可推广的经验，深化深港合作，相互借助、相得益彰，在共建'一带一路'、推进粤港澳大湾区建设、高水平参与国际合作方面发挥更大作用。"① 广东将把高质量发展作为广东现代化建设的首要任务和总抓手，以满足人民日益增长的美好生活需要为根本目的，坚持系统观念，更好统筹发展和安全，更好统筹质的有效提升和量的合理增长，全面深化改革开放，主动服务和融入新发展格局，不断塑造发展新动能新优势，扎实推进中国式现代化的广东实践，努力在高质量发展上走在前列、当好示范。

▼ 四 粤港澳大湾区建设在新时代中的战略定位与重要任务

（一）"一国两制"的新发展

由于受历史因素影响和"一国、两制、三个关税区"的制度约束，粤港澳三地在价值体系、法律制度、行政管理与社会治理机制等方面差异巨大，区域合作往往难以达成共识和一致行动，即使能达成共识但实施中也经常会出现"一头冷一头热"或者步调不一的状况，影响合作的效果。2003年CEPA、2010年粤港合作协议的签署，虽体现了市场导向与政府制度性安排的结合，但是近年来的发展，政府与企业合力推进合作深化并不

---

① 《高举新时代改革开放旗帜 把改革开放不断推向深入》，《人民日报》2018年10月26日。

明显,反而产生了政府主导唱"独角戏"的尴尬局面。由此造成粤港合作日益陷入"大门开了,小门不开"的胶着状态,合作内容日益集中与停留在内地居民自由行的情况下,香港的围城心态与经济民粹逐步兴起,香港与内地的心理距离呈现拉大趋势,甚至与内地矛盾出现显化。[①] 构建粤港澳大湾区是我国新时代下"一国两制"的新发展。习近平总书记在2018年11月12日会见香港、澳门各界庆祝国家改革开放40周年访问团时对大湾区建设作出指示:"要在'一国两制'方针和基本法框架内,发挥粤港澳综合优势,创新体制机制,促进要素流通。"[②]粤港澳三地合作建设大湾区,能否将"制度之异"变为"制度之利"至为关键。在"一国两制"方针下,港澳的发展与国家环环相扣、密不可分,国家对港澳的支持更是坚定不移。从"十四五"规划擘画港澳发展新图景,到两个方案描绘粤港澳大湾区繁荣未来,历史和现实无不表明,港澳与内地走上了优势互补、共同发展、永不分离的宽广道路。

(二)国际一流湾区

纵深推进新阶段粤港澳大湾区建设,要加快建设国际一流湾区。回看城市发展史,国际一流湾区都是在全球经济竞争中相继崛起的。纽约湾依赖大西洋贸易通道,在"一战"与"二战"期间高速发展,成为首个世界级湾区;旧金山湾依靠太平洋贸易通道,在"二战"之后紧接着成为第二个世界级湾区;东京湾在20世纪60年代以来,借着亚洲制造业崛起的机会,凭着其雄厚的科技制造实力,迅速发展成为第三个世界级湾区。三大湾区凭借着高效的资源优化配置、开放的产业结构、强大的产业集聚效应

---

① 封小云:《粤港澳经济合作走势的现实思考》,《港澳研究》2014年第2期。
② 《会见香港澳门各界庆祝国家改革开放40周年访问团时的讲话》,《人民日报》2018年11月13日。

和发达的国际网络，发展成为高度开放、贸易便利、创新引领、区域融合的一流的国际湾区。我国改革开放以后，珠江三角洲和长三角经济飞速发展，对应的升级版粤港澳大湾区呼之欲出。在规模和结构上，粤港澳大湾区城市群的优势在于土地储备丰富、人口规模大，其土地面积5.6万平方公里、常住人口6800万人，远超三大湾区，可为之后的建设提供充裕的土地和人力资源。但目前，世界三大湾区以创新为动力，合理推动湾区产业结构调整，带动城市功能升级，进入了创新经济的时代。粤港澳大湾区，国家给予最有力的政策支持、赋予最宽松的制度环境，创新将会成为我国粤港澳大湾区建设的核心所在，也是推动大湾区经济持续稳定发展的不竭动力。在全球以创新经济为主导的背景下，将粤港澳大湾区打造成为我国乃至全球的创新发展集聚地，是建设国际一流湾区的重要战略定位之一，也是未来大湾区发展的核心竞争力之所在。

（三）世界级城市群

世界级城市群是参与全球竞争的重要空间载体。放眼全球，城市群特别是湾区城市群是一个国家经济效率最高的地区之一，是世界经济发展的重要增长极。粤港澳大湾区建设既要加快自身的一体化建设进程，又要主动对接国家"一带一路"倡议，以"互联互通"的理念构建开放的区域经济合作体系，成长为世界经济增长的重要引擎、科技产业的创新高地、世界著名旅游休闲中心和美好生活圈。

粤港澳大湾区城市群包括两个特别行政区（香港和澳门）、两个副省级城市（广州和深圳）以及7个地级城市（珠海、中山、佛山、江门、肇庆、惠州和东莞）。相对于以核心城市命名的湾区（如纽约湾区和东京湾区），粤港澳大湾区可以看作是一个多核心的城市群。其中，香港是国际金融中心，深圳具有科技创新的竞争优势，广州在多个传统产业领域具有比较优势。这三个城市在粤港澳大湾区城市群中，均可以有效发挥核心城市的集聚和扩散效应。

粤港澳大湾区是中国开放程度最高、经济活力最强的区域之一，经济发展水平领先，产业体系完备，集群优势明显，科技研发、转化能力突出，创新要素吸引力强，能够参与高水平国际合作和竞争。粤港澳大湾区城市群的合作背景是"一个国家、两种制度、三个关税区"，受到不同海关、法律和行政制度的规管，大湾区城市群的9个内地城市之间，以及它们与香港、澳门之间的协同发展、形成整体效益是关键。按照城市群的基本理论，整体效益的获得取决于城市群内各个城市的分工合作、协同整合的区域发展格局。粤港澳大湾区对标旧金山湾区，湾区内产业分工明确，20世纪80年代，粤港澳大湾区城市群的前身珠江三角洲经济的产业分工是以"前店后厂"为特征的制造业垂直分工模式。2003年《内地与澳门关于建立更紧密经贸关系的安排》和《内地与香港建立更紧密经贸关系的安排》签署之后，转变为以服务贸易自由化为核心的横向产业整合。2017年大湾区城市群建设明确，将以湾区经济为载体，带动群内各城市共同参与国际高端产业竞争。粤港澳大湾区城市群一体化建设的水平不断提高，通过标准和规则对接实现一体化发展，推动"9+2"内经济运行的规则衔接、机制对接，促进人员、货物等各类要素高效便捷流动。以香港、澳门、广州、深圳四大中心城市作为湾区发展的核心引擎，支持珠海、佛山、惠州、东莞、中山等重要节点城市充分发挥自身优势，深化改革创新，强化与中心城市的互动合作，增强发展的协调性和联动性，形成分工明确、错位发展、优势互补的世界级城市群。

（四）中国式现代化建设先行区

2023年4月，习近平总书记视察广东时指出："粤港澳大湾区在全国新发展格局中具有重要战略地位。广东要认真贯彻党中央决策部署，把粤港澳大湾区建设作为广东深化改革开放的大机遇、大文章抓紧做实，摆在重中之重，以珠江三角洲为主阵地，举全省之力办好这件大事，使粤港澳大湾区成为新发展格局的战略支点、高质量发展的示范地、中国式现代化的引领地。"①现代化是各国不断探索追求的目标。鉴于不同的历史文化、价值追求和制度选择，各国的现代化发展有所差异。有别于西方现代化，中国式现代化是"中国共产党领导的现代化"，党的领导决定中国式现代化的根本性质，党的领导确保中国式现代化锚定奋斗目标、行稳致远，而粤港澳大湾区是习近平总书记亲自谋划、亲自部署、亲自推动的国家区域重大战略，是世界经济社会发展正在发生百年未有之大变局、中国进入全面建设社会主义现代化强国新时代背景下，我国构建全面对外开放新格局的战略抉择。

粤港澳大湾区作为国家重大发展战略，肩负着时代重任、国家使命。《粤港澳大湾区发展规划纲要》提出建设充满活力的世界级城市群、具有全球影响力的国际科技创新中心、"一带一路"建设的重要支撑、内地与港澳深度合作示范区、宜居宜业宜游的优质生活圈。2022年，国际一流湾区和世界级城市群框架基本形成；2035年，大湾区将形成以创新为主要支撑的经济体系和发展模式，国际一流湾区全面建成。香港、澳门、广州和深圳是国际化大都市，珠江三角洲是重要的制造业基地，具有成为中国式现代化建设先行区的空间优势。粤港澳大湾区是我国经济活力最强、开放程度最高的区域之一，区域内产业链供应链相对完备，人才集聚、联通内外，是我国产业链最重要的节点地区之一，具有成为中国式现代化建设先行区的经济基础。作为"一带一路"的重要支撑，粤港澳大湾区具有探索

---

① 《坚定不移全面深化改革扩大高水平对外开放　在推进中国式现代化建设中走在前列》，《人民日报》2023年4月14日。

对内和对外开放新模式的良好条件，是链接国内国际双循环的重要节点，可以通过产业链、创新链和供应链的合作与共享，进一步强化对内和对外的辐射带动能力，具备成为中国式现代化建设先行区的开放条件。

粤港澳大湾区建设的现实基础与机遇挑战

CHAPTER 2

一 粤港澳三地长期合作积淀

（一）优势互补

《粤港澳大湾区发展规划纲要》提出要在2022年提高交通、能源、信息和水利等基础设施的保证水平；到2035年，全面形成大湾区内部的高标准、高效率的各种资源和生产要素的流通；提高区域发展的协调程度，并提升对周围地区的引导和带动作用。近年来，广东着力推进"湾区通"工程，中共广东省委十二届七次全会提出，要以"湾区通"工程为抓手，着眼全局选准切口，围绕群众密切关注的交通、通信、食品安全等民生问题积极作为、率先突破，推动三地规则衔接不断取得实质性进展。

在交通基础设施方面，"一小时生活圈"基本形成。陆路方面，已通车的港珠澳大桥、广深港高铁，与在建的深中通道、深江铁路通道等，架起大湾区横向"黄金走廊"；通车多年的广深高速公路、广珠城际轨道，与在建的中山西部外环高速公路等构成纵向骨架。目前，大湾区核心区高速公路密度达到每百平方公里8.7公里，已超越东京、纽约、旧金山等国际湾区。此外，《广东省综合立体交通网规划纲要》进一步提出，构建以广佛、深港、珠澳三大发展极为核心，以广深港、广珠澳、跨珠江口三大主轴为集聚的城际铁路网，到2035年，要全面建成发达的快速骨干网、完善的普通干线网、广泛的通达基础网，在交通基础设施网络、综合运输服务水平、交通体系高质量发展等方面位居全国前列，粤港澳大湾区综合交通发展水平进入全球先进行列。航运方面，粤港澳大湾区港口群形成了以香港港、广州港、深圳港为核心，以东莞、佛山、珠海等周边港口为支撑的发展格局。全球十大集装箱港口中，粤港澳大湾区有三个，分别是香港、广州、深圳。2022年，粤港澳大湾区港口年货物吞吐量超过17亿吨；集装箱超过8000万标箱，仅从体量上来看，粤港澳大湾区已成为全球货运量最大的湾区港口群，未来，粤港澳大湾区需要在港航产业结构、供应链体系、规则对接等方面取得新的突破。2023年，粤港澳三地共建大湾区航运联合交易中心，就是在体制机制等方面实现三地优势互补、协调发展，共同提升大湾区的航运发展能级。航空方面，粤港澳大湾区共有7座运输机场、11条跑道，拥有超过2.2亿人次的旅客吞吐能力。民航局也出台了《民航局关于支持粤港澳大湾区民航协同发展的实施意见》，提出以打造更高质量、更加协调、更可持续、更具国际竞争力的世界级机场群为目标，以构建统筹有力、竞争有序、共建共享、深度融合的民航协同发展新格局为保障，着力推进改革创新，不断深化互利合作，努力将粤港澳大湾区建设成为民航深化改革开放的排头兵和新时代民航强国建设的先行区，为建设世界一流湾区提供有力支撑。

在能源基础设施方面，安全高效的能源保障体系基本筑成。粤港澳大湾区能源基础设施在现有基础上实现输油输气管网相连，建立珠江三角洲成品油运输线，西气东输二线深圳液化气（LNG）调峰站工程和广深港支线项目完成建设。同时，粤港澳电网互联互通完成500千伏电力线路改造，粤澳新建连接珠海烟墩站至澳门北安站220千伏输电第三通道，粤港澳跨界电网、天然气管网的相互连接，保障了港澳电力、能源供应的稳定。

此外，粤港澳大湾区内部的经济合作也日趋紧密，涉及金融、科技、旅游、养老等多个领域。随着粤港澳大湾区建设持续深入推进，大湾区金融市场互联互通日渐加强，湾区内的银行已推出跨境人民币贸易融资、跨境人民币结算等金融服务，为大湾区的投资和贸易提供了更充分的保障。在科技合作方面，依托横琴、前海、南沙等重大平台促进三地合作，在横琴布局建设各类创新平台31家、前海集聚创新载体125家、南沙建成高端创新平台132家。推动广州实验室与香港中文大学签署战略合作协议，南方海洋科学与工程广东省实验室在香港设立分部。在社会合作方面，不少城市已经推出港澳人士可以买医保的政策，粤港两地已共同签署《关于共同推进粤港两地养老合作的备忘录》，进一步推动粤港两地养老服务领域交流合作与优势互补。

（二）文化同源

粤港澳大湾区地域相近、文脉同源，共同创造了岭南文化。岭南文化，顾名思义就是我国岭南地区的文化，主要包括广府文化、潮汕文化和客家文化，在历史不断向前发展的过程中，形成了开放、务实、团结、重商的文化内核。在语言的使用上，香港主权回归后，特区政府推行"两文三语"语文政策，要求"所有中学毕业生都能够书写流畅的中文和英文，并有信心用粤语、英语和普通话与人沟通"，以加强香港人在全球化时代的竞争力。经过多年的发展，当前89.5%的香港人以粤语为惯用语言，粤语成为特区政府无标记的通用语。粤语广泛应用于家庭、学校、银行、法庭、医院、广播媒体和政府等领域，包括回归以来行政长官《施政报告》的发表，以及立法会的辩论等；同时，粤语也是多种创作和文化消费品的主要语言，包括广东流行歌曲、电视剧、粤剧、电影和舞台剧。虽然书面粤语并不正式，但粤语早已经在社交媒体中长足发展，不仅出现在正式印刷品上，如娱乐杂志、餐饮广告，亦活跃于本地的"软"媒体之中，如电子邮件、微博、短信等。澳门素有"语言博物馆"的美誉，澳门人普遍掌握多种语言，2011年澳门人口普查结果显示，有90%的澳门人能讲粤语，41.4%的澳门人能讲普通话。粤语是绝大多数澳门华人的母语，也是澳门华人日常交流中使用的首要语言，在回归以后，粤语就一直在澳门各个领域中广泛使用。在饮食文化上三地也具有相同特征，中餐仍然是港澳饮食文化的主角，在众多的菜系中，粤菜长居"龙头"地位，饮早茶和下午茶已经成为三地人共同的生活习惯，结交朋友、洽谈生意、亲人聚会都在饮茶之中进行，饮茶已经成为粤港澳地区社交的重要方式。广东人爱"煲汤"，香港也一直保持着"煲汤"的饮食习惯，香港人煮汤和粥，非常讲究火候足、时间长，这是从广东流传过去的习惯，几乎家家都备有电饭锅或高压锅，因为煮粥的时间长，所以在香港把长时间打电话叫作"煲电话粥"。在娱乐休闲方面，粤剧是岭南文化的瑰宝，也是连接粤港澳三地天然的文化纽带。粤剧发源于佛山，流行于广东、广西及港澳台地区，广府粤剧在20世纪20年代最为兴盛，随着香港、澳门粤剧市场逐渐兴旺，广州大型戏班赴港澳演出也越来越多，"省港班"的兴起带动了粤剧的变革，并最终完成了粤剧由乡村古腔戏剧向紧随时代、贴近生活的现代城市戏剧的全面转型。2009年，粤港澳三地联合为粤剧申遗成功，这成为三地文化交流不断深入的重要里程碑，如今，粤港澳通过携手对共同文化根脉进行保护、活化与利用，着力构建粤港澳文化共同体，也孕育着粤港澳大湾区特有的文化生态。

（三）人缘相亲

中华民族历来有爱国主义的历史传统，中华文化也蕴含着维护祖国统一的传统因素。早在1854年，太平天国的起义军逼近广州，为了躲避战乱，广东人成为大规模移居香港的第一批人，香港的人口从1851年的3.2万人骤升至1861年的12万人，之后的趋势仍然有增无减，到了20世纪30年代，香港已经成为一个拥有近百万广东新移民的大型城市。在抗日战争期间，此时的中国正处于日寇入侵、内忧外患的境地，战火暂时烧不到香港，而英国人近百年治理下的香港已经粗具国际都市的雏形，因而又有几十万广东居民携家带口迁居港澳。香港的许多商人都是在战争年代流亡香港，在战争结束后才发展起来的。例如，霍英东祖籍广州番禺，从祖上开始就在香港、澳门、广州之间以运货为生，过得非常清贫。抗日战争开始后，霍英东流亡香港，香港沦陷后，他被迫辍学，在香港街头打杂工养活自己。沦陷的这几年生活改变了霍英东的人生，日本人在香港无恶不作，捕杀抗日人士，掠夺社会财产，鱼肉百姓。而瘦小的霍英东被赶去给日军修机场，差点死在工地上。霍英东由此认识到"家"与"国"的关系，一个国家不强大，国民就只能任人宰割。因此，霍英东通过运输业发迹后，不顾港英政府的禁令，依靠自己的力量盘活香港到内地的贸易，他发动自己旗下所有船只往内地运物资，冒了很大的风险，但是他不求暴利，合理买卖，为中国的解放事业贡献了自身的力量。在改革开放后，霍英东还成了第一批响应国家号召来内地投资的港商，他率先在广州投资修建了白天鹅宾馆，这是改革开放后沿海地区最新的高级宾馆，吸引了海内外大批客人居住，此外他还投资广州南沙岛，专门建设旅游度假区，吸引了大量香港人前来游玩。除了投资外，霍英东还活跃在体育界，他早年争取新中国加入亚足联，让中国足球队在20世纪70年代末参与了亚洲杯，推动了中国体育事业的发展。还有爱国商人庄世平，生于广东省普宁市，他是南洋商业银行创始人，一生爱国爱乡。1949年，庄世平在香港创办南洋商业银行，并升起港岛的第一面五星红旗。自此，南洋商业银行开启了一段七十余载的红色金融路，为国民经济恢复与社会主义建设作出了重要贡献。为了支持新中国的建设，庄世平先生还积极发起国际募捐，将所得款项全部用于购买可用于国家经济建设的通用设备、黄金和物资。在保持香港、东南亚与内地的经济联系的同时，南洋商业银行也为当地经济发展提供了各种支持。1982年，南洋商业银行在庄世平领导下，开设了中华人民共和国成立后第一家外资银行分行，并为内地金融市场带来了诸如信用卡、国际银团贷、楼宇按揭贷等当时国际上比较成熟的商业银行服务。庄世平先生坐拥巨大财富却一生清廉无私，退休时，他把自己创办的香港南洋银行和澳门南通银行捐给国家，临终前更是把千亿资产全部捐给国家，逝世时享国葬待遇。

▼二 粤港澳区位优势明显

（一）沿海开放前沿

粤港澳大湾区位于珠江三角洲腹地，毗邻南海，其海岸线长达1512.18公里，约占广东省海岸线的36%。在漫长的海岸线上，包含着数量众多的海湾，由东北向西南分别为大亚湾、大鹏湾、伶仃洋湾、黄茅海湾、广海湾和镇海湾，其核心海湾是珠江口外最大的喇叭形河口湾——伶仃洋。大湾区是中国连接东南亚和世界的重要通道，被称为中国的"南大门"。粤港澳地区因其独特的地理位置，自古以来就是中国联系海外的重要通道，也是中国对外交往贸易最发达、华人华侨最多的地区。从秦汉开始，广东就通过海洋和世界各国交流往来，展开贸易，经过魏、晋、南北朝时期的持续开发和隋唐时期的重点经略，广东与中原腹地及海外国家的联系日益密切，形成一条以南海北部沿岸为主、横亘中国南北双向辐射的经济走廊。宋朝时期中国的海外贸易"唯广最盛"，广州成为当时中国海外贸易最发达的第一大港；元朝时期仍是中国第二大港；明清"海禁"期间，封建统治者为了巩固政权，关闭了中国大部分沿海港口，使得广州成为当时中国唯一的对外通商口岸，承担起中国与世界联系的桥头堡功能。

中华人民共和国成立以后，在中国遭受西方封锁、禁运的情况下，党中央将广东作为对外贸易的重点区域，尽力开拓与港澳地区和一切友好国家政府和民间的贸易往来。1978年改革开放之后，在中央大力支持下，广东承担起中国改革开放排头兵、先行地、实验区的历史使命。1979年设立深圳、珠海、汕头三个经济特区，1984年开放广州、湛江两个沿海港口城市，1985年开辟珠江三角洲经济开放区，到1988年全省获国务院批准为全国综合改革试验区，基本形成了多层次、多形式、多功能的对外开放格局。进入新时代，习近平总书记对广东省高度重视、寄予厚望，亲自谋划了"一带一路"和粤港澳大湾区战略，为广东省改革开放指明了前进方向，《粤港澳大湾区规划纲要》发布以来，大湾区对外贸易取得了飞速的增长，粤港澳大湾区内地9市进出口总值从2019年的6.58万亿元增长到2022年的7.94万亿元，占全国的18.9%。由此可见，粤港澳大湾区在国家对外开放中扮演着沿海开放前沿的角色。

（二）综合交通枢纽

粤港澳大湾区滨江临海，经济发达，拥有得天独厚的港口发展条件，是世界上通过能力最大、水深条件最好的区域性港口群之一，是全球港口最密集、航运最繁忙的区域，区域港口吞吐量位居世界各港口之首。港口是国际物流链中的重要一环，也是带动腹地经济发展、加快大湾区建设的重要组成部分。大湾区拥有广州港、深圳港、香港港、虎门港、珠海港等5个亿吨大港，此外还有中山港、惠州港、佛山港、澳门港，是一个实力雄厚、合作紧密、分工明确、服务泛珠江三角洲地区经济发展的国际航运中心和世界级港口群。2022年，珠江三角洲港口群进出口吞吐量超35万标准箱，在各大湾区中占据前列。

此外，粤港澳大湾区拥有世界上最大的机场群，仅大型机场就有广州、深圳、珠海、香港、澳门，还有惠州等小型机场。2022年，粤港澳大湾区机场群珠江三角洲九市完成旅客吞吐量5308.1万人次，货邮吞吐量342.6万吨。2020年，《民航局关于支持粤港澳大湾区民航协同发展的实施意见》中提出以打造更高质量、更加协调、更可持续、更具国际竞争力的世界级机场群为目标，努力将粤港澳大湾区建设成为民航深化改革开放的排头兵和新时代民航强国建设的先行区，为建设世界一流湾区提供有力支撑。预计到2035年，粤港澳大湾区将拥有7座运输机场、17条跑道，旅客吞吐量达4.2亿人次，货邮吞吐量超过2000万吨，客货保障能力比2020年提升约一倍，建成引领全球、高质量发展的世界级机场群。

在公路和轨道交通方面，粤港澳大湾区铁路通车里程约2500公里，高速公路里程超过5100公里，"粤港澳大湾区1小时生活圈"已经初步形成。根据规划，粤港澳大湾区要建成"十二纵八横两环十六射"主骨架高速公路网络，到2035年，大湾区将建成总里程约15000公里的高速公路，形成支撑粤港澳大湾区深度合作发展、引领东西两翼及沿海经济带发展、快捷通达周边省区的高速公路网络；根据规划，近期到2025年，大湾区铁路网络运营及在建里程达到4700公里，全面覆盖大湾区中心城市、节点城市和广州、深圳等重点都市圈；远期到2035年，大湾区铁路网络运营及在建里程将达到5700公里，覆盖100%县级以上城市。

（三）"海上丝绸之路"重要节点

粤港澳大湾区作为丝绸之路经济带和21世纪海上丝绸之路在国内的重要交汇点，从地理位置看，广东在历史上就是古代海上丝绸之路的起点之一，在今天，粤港澳大湾区是21世纪海上丝绸之路的一个重要起点，通过便捷的陆上交通，又直接连接丝绸之路经济带。从国家经济发展和新一轮全面开放新格局看，粤港澳大湾区是我国开放程度最高、经济活力最强的区域之一，广东是全球制造业中心，是中国对外贸易的窗口和基地，香港、澳门均为自由开放经济体，粤港澳在我国"陆海内外联动，东西双向开放"新一轮全面开放新格局中，是丝绸之路经济带和21世纪海上丝绸之路对接的一个重要节点，具有参与"一带一路"建设的显著优势。在共建"一带一路"的进程中，粤港澳三地各具优势：广东省科技创新活跃，先进制造业基础雄厚，产业链完善，是与"一带一路"共建国家和地区进行贸易的大省，经过十年发展，广东已成为中国与"一带一路"共建国家和地区贸易量最大、双向投资最多的省份。数据显示，广东与"一带一路"共建国家和地区贸易增长强劲，经贸关系日益紧密，进出口由2013年的1.11万亿元增长到2022年的2.25万亿元人民币，累计增长102.2%。2023年1—7月，广东对"一带一路"共建国家和地区进出口达1.3万亿元，增长7.3%；香港拥有成熟的金融体系和航运系统，商业网络遍布亚太地区乃至全球，是"一带一路"重要的资本市场，拥有多元化和全面的专业服务，充分体现"一国两制"下的独特优势，是央企和内地企业推进共建"一带一路"项目的首选专业服务平台；澳门拥有葡语国家的经贸服务平台和大量资本，澳门与总人口约3亿的9个葡语国家保持着密切联系，多年来一直发挥着中国与葡语国家商贸合作服务平台的重要作用，尤其是在经贸合作、科研、中医药、文旅会展商贸、金融及青年创业等方面取得了积极成果。

▼三 粤港澳经济基础雄厚

（一）经济总量

粤港澳大湾区是我国经济活力最强、开放程度最高、国际化水平领先的区域之一。2019年，粤港澳大湾区经济总量为11.62万亿元，到2022年底，粤港澳大湾区经济总量近13万亿元，增长了11.8%。在粤港澳大湾区中，深圳地区生产总值（GDP）增量第一，广州紧随其后。2022年深圳市实现地区生产总值3.239万亿元，连续第六年位居湾区首位，较2021年增长1723亿元，增量位居湾区之首。继2020年GDP超越香港后，2022年广州市实现地区生产总值2.884万亿元，巩固了大湾区第二的位置，较2021年增长607亿元。2022年香港GDP较2021年增长了540亿元，全年达到2.428万亿元，居湾区第三位。前三位后，各地GDP排名依次是佛山（1.270万亿元）、东莞（1.120万亿元）、惠州（5401亿元）、珠海（4045亿元）、江门（3773亿元）、中山（3631亿元）、肇庆（2705亿元）、澳门（1470亿元），位次与2021年相比未发生明显变化。（参见表2-1）

2022年粤港澳大湾区整体人均GDP水平保持增长，达到15.2万元，高于2021年的14.72万元。其中，香港人均GDP约为37.25万元，排名第一；澳门人均GDP约为21.64万元，排名第二。珠江三角洲九市人均GDP继续保持上升态势，由2021年的12.8万元上升至2022年的13.32万元，与港澳差距有所缩小，其中，深圳人均GDP最高，为18.32万元，肇庆人均GDP最低，仅为6.55万元，低于全国平均水平。大湾区内部区域发展水平仍不均衡。

表2-1 粤港澳大湾区城市GDP

单位：亿元

大湾区城市GDP	2019年	2020年	2021年	2022年
香港	25009	24103	23740	24280
澳门	4126	1678	1929	1470
深圳	26927	27670	30665	32387
广州	23628	25019	28232	28839
佛山	10751	10817	12157	12698
东莞	9482	9650	10855	11200
惠州	4177	4222	4977	5401
珠海	3435	3482	3882	4045
江门	3146	3201	3601	3773
中山	3101	3152	3566	3631

（续表）

大湾区城市GDP	2019年	2020年	2021年	2022年
肇庆	2248	2312	2650	2705
总计	116030	115306	126254	130429

（二）产业体系

香港作为一个国际金融中心和商业枢纽，其服务业一直是经济的重要支柱，随着经济全球化的不断发展和香港特区政府的积极推动，香港的服务业也在不断壮大和多元化，包括金融、保险、医疗、法律、会计、咨询、物流等多个领域。首先，金融服务业是其支柱性产业。作为国际金融中心，香港的金融服务业一直是其最重要的服务领域之一。香港拥有成熟的银行、证券、保险和基金管理等金融机构，为全球投资者提供全方位的金融服务。香港的金融市场开放度高，法律体系健全，监管环境严谨，吸引了众多国际金融机构在香港设立分支机构或办事处。其次，专业服务业是其重要组成部分。香港的专业服务业包括律师事务所、会计师事务所、咨询公司等。这些专业服务机构在提供法律、会计、税务、商业咨询等方面具有丰富的经验和专业知识。香港的法律体系和商业环境稳定，吸引了大量国际企业在香港设立办事机构，并需要专业服务机构的支持。最后，物流服务业是其重要保障。香港地处亚洲中心位置，拥有先进的港口和机场设施，成为国际物流和贸易的重要枢纽。香港的物流与贸易服务业包括货运代理、仓储、报关、国际贸易等。香港的物流服务高效便捷，为国际贸易提供了良好的支持环境。

澳门旅游休闲业的发展历程可以追溯到20世纪80年代，当时澳门特区政府将旅游业作为经济发展的重点，随着时间的推移，澳门旅游业不断发展壮大，旅游业在澳门经济中的比重越来越大。目前，澳门旅游业已经成为该地区经济增长的重要推动力，占据了澳门GDP的90%，主要包括博彩业、酒店业、文化旅游业等。澳门是一个文化多元的地方，汇集了中西文化的优点，拥有独特的历史遗迹、文化经典、国际标志性建筑和世界级赌场等吸引游客的资源。2023年上半年澳门入境旅客累计逾1164.5万人次，日均超过6.4万人次，恢复至2019年全年日均的59.6%。其中，国际旅客前半年共日均有近47.5万人次，恢复至2019年全年的31.2%。此外，上半年酒店平均入住率达80.1%，较2019年的90.8%仅差10.7个百分点。未来，澳门的旅游业将着重发展高端旅游、自由行、亲子旅游、医疗旅游等，通过提供更多元化的旅游产品和服务来吸引更多的游客。

粤港澳大湾区建设和发展是我国当前重大的国家战略，先进制造业的发展在湾区建设中占有十分重要的地位。2022年，珠江三角洲九市规模以上工业总产值超过15万亿元，占全省超过八成，先进制造业增加值比上年增长2.5%，占规模以上工业增加值比重55.1%。其中，高端电子信息制造业增长1.6%，生物医药及高性能医疗器械业增长12.5%，先进装备制造业增长9.6%。中共广东省委、广东省人民政府在《关于高质量建设制造强省的意见》中提出到2027年制造业增加值占地区生产总值比重达到35%以上。未来，广东省将加快培育电子信息、汽车、智能家电、机器人、绿色石化等五大世界级先进制造业集群，在珠江三角洲内部，分工有序、功能互补、高效协同的区域城市体系正加快形成。

（三）国际贸易

随着"一带一路"战略的推进，珠江三角洲地区与沿线国家和地区的贸易规模不断扩大，与国内其他省份相比，珠江三角洲地区贸易规模相对较大，其中新加坡、美国、日本、澳大利亚等国家为主要贸易对象。从贸易方式上看，粤港澳大湾区的对外贸易逐渐多样化，不仅有传统的海运、航空运输，还有现代物流、电子商务等方式。相比之下，电子商务这种形式更加方便和快捷，成为未来发展趋势。从外贸企业来看，湾区内的外贸企业数量众多，但多为中小企业，市场集中度低，外贸企业在面临市场竞争的时候，质量及性价比不容忽视，更好的服务和产品质量才能在竞争中获得优势。2022年，珠江三角洲九市进出口总值7.94万亿元，占广东省进出口总值的95.6%，占全国进出口总值的18.9%。大湾区强劲的内聚力与外延力，可以促进资源要素有效流通，在国内大市场形成创造供给的同时，凭借多样化对外开放通道以及投资贸易自由化便利化的环境，连接国内和国际两个市场，在我国对外贸易过程中发挥着重要作用。从贸易国家来看，近年来，中国与东盟已连续三年互为最大贸易伙伴，双方贸易额从2013年的4436亿美元增加到2022年的9753亿美元。其中，东盟是广东的第一大贸易伙伴，从2018年到2022年，广东与东盟外贸进出口规模连续五年保持增长，2020年，东盟首次超越香港成为广东第一大贸易伙伴，这一地位保持至今。从贸易商品来看，2023年前8个月，广东对东盟的主要出口商品为机电产品、塑料制品和服装，其中机电产品出口2678.4亿元，增长2.8%；塑料制品出口246.7亿元，增长15.2%；服装出口181.7亿元，增长10.2%。而在进口方面，机电产品、农产品为主要进口商品。从双向投资看，2023年前7个月，来粤投资的东盟企业363家，同比增长71.23%，实际使用外资金额同比增长67.68%。截至2023年7月底，广东企业对东盟投资额达49.55亿美元，其中投资最大的前三个国家依次为新加坡、印尼、越南。对东盟来说，广东是进入中国大市场的首站；对中国来说，广东是走向东盟的重要枢纽。与此同时，粤港澳大湾区累计开行中欧班列超过2900列，运送货物28.8万标箱，除了家用电器、服饰鞋帽等传统商品外，近年来，高附加值的电子设备、机械设备、新能源汽车也开始"坐上了火车"，商品结构在不断优化，出口增长也明显增加。

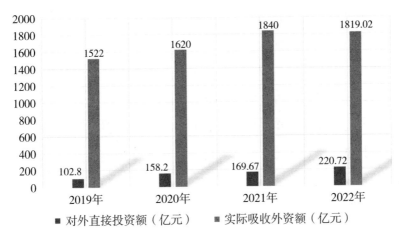

图2-1 广东省对外直接投资额及实际吸引外资额（2019-2022）

▼ 四 粤港澳创新要素集聚

（一）研发投入与创新环境

党的二十大报告指出，要加快建设科技强国，坚持创新在我国现代化建设全局中的核心地位。推进粤港澳大湾区建设是中国的一项重要战略，旨在打造全球领先的科技创新中心。粤港澳大湾区以其高水平的经济发展，为科技创新打下了坚实的基础，目前，大湾区已经成为全球重要的经济中心之一，具有强大的创新能力和技术实力。2022年，粤港澳大湾区的GDP总量已经超过13万亿元，其中研发投入超过4000亿元，为科技发展注入了强大动力；在研发经费不断上升的同时，大湾区的产业结构也具有多样性，不同城市定位明确、优势互补，实现了资源的优化配置和产业链的深度融合，为创新发展奠定了基础。近些年来，政府出台了一系列支持粤港澳大湾区科技创新发展的政策，2019年《粤港澳大湾区发展规划纲要》中提出要深入实施创新驱动发展战略，深化粤港澳创新合作，构建开放型融合发展的区域协同创新共同体，集聚国际创新资源，优化创新制度和政策环境，着力提升科技成果转化能力，建设全球科技创新高地和新兴产业重要策源地。2021年"十四五"规划中提出要支持粤港澳大湾区成为国际创新中心，提升创新能力，促进跨境资源流动。2022年《广州南沙深化面向世界的粤港澳全面合作总体方案》中指出要加强粤港澳的联合创新，打造重大科技创新平台，培育发展高新技术产业。通过多年的发展，粤港澳大湾区的科技创新水平已经迈入全球"第一方阵"，在世界知识产权组织（WIPO）的《2021年全球创新指数报告》中，广深港科技集群连续三年位居全球创新指数排名第二位，科技创新成果显著。

（二）高校与科研院所

粤港澳大湾区科技发展之所以能够取得显著成果，是因为其高校和科研院所实力雄厚，其中，广州拥有超过80所普通本专科院校，在校大学生数量超过100万人；香港的高校数量虽然不多，但因为发展较早，在国内外各类高校排行榜上，香港高校都名列前茅；澳门近几年加大了在高等教育方面的投入，澳门大学、澳门科技大学等高校进步明显；深圳的高等教育虽然起步较晚，但近几年发展迅速，深圳大学、南方科技大学进入了新一轮广东省高水平大学重点建设高校行列，哈尔滨工业大学（深圳）、香港中文大学（深圳）也进入了广东省高水平大学重点学科建设高校行列。此外，珠海、佛山、东莞等城市的高等教育均实力不俗。粤港澳大湾区的建设，为区域内的高等教育带来前所未有的机会。广州方面，中国科学院大学广州学院、广州交通大学、香港科技大学（广州校区）、华南理工大学广州国际校区正在新建或筹建；佛山拟建定位为世界一流的佛山理工大学；中山提出申报争取启动与澳门科技大学合作的香山大学建设，积极筹备省市共建中山科技大学；"湾区联合大学"的概念提出后，东莞市也明确提出要建设"湾区大学";深圳2016年出台了《关于加快高等教育发展的若干意见》（以下简称《意见》）。《意见》提出：争取到2025年，深圳的高校达到20所左右，全日制在校生约20万人。

除此之外，粤港澳大湾区科研院所众多，在生物医疗、现代农业、信息技术、金融、城市发展、自然环境等研究领域均具有较强的科技研发和成果转换能力，在全国乃至全球具有重要影响力。国家超级计算广州中心、中国（东莞）散裂中子源、强流重离子加速器装置、江门中微子实验站等多个重要科学平台与大科学装置的建设，将为粤港澳大湾区建设国际科技创新中心提供强大的基础支撑。大湾区要充分发挥科研院所与科学平台的作用，加快推进人才汇聚、技术突破与创新应用。

（三）粤港澳大湾区国家科学中心

《粤港澳大湾区发展规划纲要》提出，粤港澳大湾区将通过两个阶段的目标要求实现世界级城市群等五大战略定位，核心是把大湾区作为未来中国在全球竞争中创新的载体和平台，加快打造世界主要科学中心和创新高地，率先建成国际科技创新中心，建设成为国际创新枢纽，为实现高水平科技自立自强和建设科技强国提供战略支撑。综合性国家科学中心是国家创新体系的基础平台，是依托重大科技基础设施集群建设、集聚国内外高端创新资源、推动前沿科学研究和重大技术突破的大型开放式研究中心。2020年7月，国家发改委、科技部批复同意建设粤港澳大湾区综合性国家科学中心，这是继上海、合肥、北京之后我国第四个综合性国家科学中心。粤港澳大湾区综合性国家科学中心建设立足大湾区城市群发展优势和特点，充分依托大湾区的设施、学科和产业基础，突出强调科学性、经济性和开放性，以光明科学城、松山湖科学城、南沙科学城为例，位于深圳市西北部，规划总面积99平方公里的光明科学城，是深圳市全面深入实施科教兴国战略、人才强国战略、创新驱动发展战略的重大创新平台，围绕信息、生命、新材料三大学科领域，集中布局了9个重大科技基础设施、11个前沿交叉研究平台、2所省级重点实验室、2所研究型高校，共24个重大科技创新载体，担负起了服务高水平科技自立自强的使命。松山湖科学城位于东莞几何中心以及广深港澳科技创新走廊中部，始终坚持面向世界科技前沿、面向经济主战场、面向国家重大需求、面向人民生命健康四个定位，聚焦新材料、信息、生命科学领域，建设了一批大装置大平台大学府，如中国散裂中子源、先进阿秒激光装置、松山湖材料实验室、香港城市大学（东莞）、大湾区大学（松山湖）等，取得了一批科技创新成果。南沙科学城位于广州市南沙区，规划总面积99平方公里，是广州市和中国科学院共同谋划、共同建设的科创资源集聚高地，将建设成为粤港澳大湾区综合性国家科学中心主要承载区，其中，明珠科学园是南沙科学城核心区域。计划面向深海、深地、深空，聚焦海洋、能源、空天、信息、生物等领域，集聚全球高端创新资源，建设世界级重大科技基础设施集群和一批前沿交叉研究平台。目前启动建设的重点项目包括中国科学院大学广州学院、中国科学院广州分院等10多家中科院系科研机构，已落户冷泉生态系统、高超声速风洞、识海工程三个重大科学基础设施，正在加快建设香港科技大学（广州）、南方海洋科学与工程广东省实验室。

▲ 五 粤港澳国际化水平领先

（一）国际大都会：香港

香港地处中国南部，珠江口东岸，西与中国澳门隔海相望，北与深圳市相邻，三面环海，与内地紧密相连，地理位置得天独厚，是连接内地同世界的重要桥梁。作为国际金融中心，香港拥有数量众多的银行、保险公司、证券公司和基金公司，为全球的投资者和企业提供全方位的金融服务，2023年3月底，香港银行业的总资产已经达到了26.8万亿港元，汇丰银行、渣打银行、花旗银行、恒生银行等超过20家国际知名银行在香港设立办事机构，业务范围包括存款、贷款、外汇、信托、保险、私人银行等多个领域，目前香港股市总市值约为4万亿美元，有超过2000只股票，吸引了大量的国际资本。与此同时，香港作为国际航运中心，有超过220条国际航线，全球超过100家航空公司在此运营，客运量位居全球第5位，货运量连续18年居全球第1位，凭借便利的交通条件，香港出入境人数屡创新高，2022年总出入境达到530万人次，同比增长1.7倍，实际净移民人数为34200人，吸引了大量国际国内人才。在科技交流层面，从香港科技创新联盟成立，到首届"大湾区国际科创峰会"聚焦香港国际创新科技中心建设，香港科学院、大学同北美、欧洲等高校开展了多方面的合作，涉及医疗、材料、能源等多个领域，为香港的科技创新不断注入动力。

（二）世界旅游休闲中心：澳门

澳门拥有独特的历史遗迹、文化经典、国际标志性建筑和世界级赌场等吸引国内外游客的资源，一年一度的国际烟花节和葡韵嘉年华尤为热闹。2023年前三季度入境旅客超过了1900万人次，年增长3.6倍，仅9月份，全澳接待旅客约230万人次，其中国际游客约85万人次，成为国际旅客的重要目的地。除此以外，澳门还是中葡文化交流中心，具有立足澳门、背靠粤港澳大湾区、面向葡语系及其他欧洲国家的优势，葡语国家拥有2.5亿人口规模的市场，深化中国与葡语国家各领域合作，具有重要意义。

从16世纪起，在长达四个世纪的历史中，大量的葡萄牙人在澳门定居，这也令澳门成为海上丝绸之路的重要节点。近些年来，澳门通过与"一中心、一平台、一基地"定位联通，扮演着我国对外交流的重要门户角色，切实推动了"一带一路"建设与发展。当前，澳门特区政府正积极推进"1+4"适度多元发展战略，努力建设世界旅游休闲中心，未来将加大投资推动非博彩元素发展，通过融入"旅游+"等新思路新创意，不断提升旅游业内涵和竞争力，积极开拓国外市场。同时，广东省也将加强与澳门特区政府文化旅游部门的沟通对接，支持横琴国际休闲旅游岛和澳门世界旅游休闲中心建设，推动澳门与广东文化旅游资源共享、产业互补、错位发展，携手推进粤港澳大湾区世界级旅游目的地建设。

（三）对外开放门户枢纽：珠江三角洲

作为高水平对外开放门户枢纽，珠江三角洲努力塑造开放型经济新优势。面对外部环境的不断变化，广东不断优结构、谋创新。2013年以来，广东对"一带一路"沿线国家进出口额从1.11万亿元增长至2.04万亿元，贸易结构不断优化，跨境电商等新业态正为广东外贸高质量发展打造新引擎。珠江三角洲外贸在全国外贸总额中的份额常年保持在20%左右，在广东外贸总额中的比重常年保持在95%左右。近些年来，珠江三角洲外贸在努力稳规模的基础上，正全力创新打法、优化结构。其中，电动载人汽车、锂电池、太阳能电池"新三样"出口表现尤为亮眼。

在对外开放的过程中，珠江三角洲地区占有着一定的地域优势，这里的社会结构和经济体系在满足我国"一带一路"发展建设的需要的同时，有更深程度的市场化建设，生产力水平较其他地区高，产业分布密集，城市发展迅速，在新形势下，显现出更多的发展优势和开放意识。此外，珠江三角洲地区还集聚了前海、南沙、横琴三大自贸区，在当前国际经济竞争中，自贸区已经成为国与国之间竞争的主要工具。2021年，广东自贸试验区实现固定资产投资1375.99亿元，比上年增长6.5%；税收收入1048亿元，增长2.8%；外贸进出口总额1.88万亿元，增长29.9%；新设外商投资企业2925家，实际利用外资82.41亿美元，增长3.8%，占全省实际利用外资总额的18%。珠江三角洲地区已经成为我国改革开放的先行地区，成为我国对外开放的前沿阵地。

▼ 六 新时代新发展新机遇

（一）粤港澳大湾区是世界发展的新增长极

党的十九大以来，习近平总书记多次指出："当今世界正经历百年未有之大变局。"这是我们党立足中华民族伟大复兴战略全局，科学认识全球发展大势，深刻洞察世界格局变化而作出的重大判断。百年未有之大变局概括起来就是当前国际格局和国际体系正在发生深刻调整，全球治理体系正在发生深刻变革，国际力量对比正在发生近代以来最具革命性的变化，世界范围呈现出影响人类历史进程和趋向的重大态势。大变局对于我国来说既是机遇又是挑战，为此，我国提出了一系列重大发展战略，粤港澳大湾区正是在此背景下提出的重大发展战略。

《粤港澳大湾区发展规划纲要》提出，到2035年粤港澳大湾区要建设成为富有活力和国际竞争力的一流湾区和世界级城市群，它是我国打造世界级城市群、积极参与全球竞争的新兴经济形态，是与纽约湾区、旧金山湾区和东京湾区比肩的世界四大湾区之一。粤港澳大湾区是全球制造业基础最雄厚、门类最齐全、产业链最完整的地区，特别是在通信设备、计算机、电子信息、高端装备制造等领域具有很强的产业基础，产业集群化发展特征明显。在"十四五"规划中，党中央提出要坚持把发展的着力点放在实体经济上，加快发展现代产业体系，坚定不移建设制造强国，将为大湾区提升产业链供应链现代化水平，发展战略性新兴产业，统筹推进基础设施建设和加快数字化建设，为形成具有更高国际竞争力的先进制造业基地带来新机遇。大国竞争的核心是科技竞争，高质量发展的关键在于创新驱动，近些年来，全球各大湾区都在加速抢占新一轮科技创新高地。2021年9月，世界知识产权组织发布《2021年全球创新指数报告》，在全球科技集群100强排名中，"深圳—香港—广州"蝉联第二位，仅次于"东京—横滨"。作为中国经济最发达、开放程度最高的区域之一，粤港澳大湾区展现出了极强的竞争力。一条完整的科创链条，技术研发、成果转化、产品化和市场化缺一不可。粤港澳大湾区的独特优势在于，它同时拥有内地、香港、澳门的科创要素，三地定位不同，各有所长，优势互补，为科技创新提供了一片沃土。在粤港澳大湾区内部，澳门和欧美特别是葡语系国家有很多交流合作，有良好的科研基础，但澳门体量小，很难进行技术成果转化。深圳是腾讯、华为等高新大企业集合地，企业对技术的追求和投资有力支持了技术的应用。珠海、东莞等地制造业非常发达，容易实现产品量产。三地分工合作，形成了技术成果转化的完整链条。粤港澳大湾区三地协同的优势，促成了科创资源的快速集聚和科创成果的井喷——目前，大湾区建成了34家国家级、71家省级国际科技合作基地，国家高新技术企业达5.7万家；专利授权量2021年超78万件，年增长率高达40%；科技财政支出占比基本维持在7%以上的水平，全社会研发投入增长率达14.52%。大湾区先后建成了深圳前海、广州南沙、珠海横琴等粤港、粤澳重大合作平台，进一步深化改革、扩大开放，发挥试验示范作用，为粤港澳全面合作提供载体。三大平台在基础设施、投资贸易、金融服务、科技研发等诸多领域合作成效显著，促进了技术落地、资金引进和人才流动。与此同时，香港也在打造本地的深港合作对接平台，提出了北部都会区建设计划，加快深港科技创新一体化，更好与内地科创体系联通，打造"国际创科新城"。

（二）粤港澳大湾区是新发展理念的先行地

发展理念反映一个社会在选择自身发展模式上所遵循的真理和价值尺度。只有科学的发展理念才能引领中国特色社会主义事业行稳致远。习近平指出："新发展理念阐明了我们党关于发展的政治立场、价值导向、发展模式、发展道路等重大政治问题。"[①]可见，新发展理念不仅是转变经济发展方式的开关把手，而且是影响政治发展模式的核心要素。党的十八届五中全会明确提出"创新、协调、绿色、开放、共享"的新发展理念，符合世情、国情、民情以及客观规律，铺垫了我国新阶段的新发展思路。其中，创新为高质量发展提供动力源泉，协调破解发展不平衡的结构性矛盾，绿色引领可持续发展的新趋势，开放打通内外联动发展的壁垒障碍，共享指向公平发展的价值目标。这五方面虽然各有侧重，但其内部是相互联系、相互作用的有机整体，"系统回答了关于发展的目的、动力、方式、路径等一系列理论和实践问题"[②]，同时也意味着这五个方面必须协同发展，使之迸发合力，而不能孤立、片面发展某一方面。

粤港澳大湾区的建设生动诠释了新发展理念。第一，创新发展理念为大湾区提供了源源不断的发展动力。创新包括制度创新和科技创新，"一国两制"的制度优势为粤港澳大湾区充分发挥港澳独特优势和广东改革开放先行先试优势起了重要作用，制度层面的深化改革为大湾区内部的规则衔接和机制对接提供了保障，让生产要素更加自由流动；科技创新为大湾区的发展提供更强的动力，《粤港澳大湾区发展规划纲要》指出要建设国

① 习近平：《全党必须完整、准确、全面贯彻新发展理念》，《求是》2022年第16期。

② 同上

际科技创新中心，推进"广州—深圳—香港—澳门"科技创新走廊建设，探索有利于人才、资本、信息、技术等创新要素跨境流动和区域融通的政策举措，共建粤港澳大湾区大数据中心和国际化创新平台。随着《河套深港科技创新合作区深圳园区发展规划》的出台，河套正式成为继横琴、前海、南沙后的又一重大合作平台，但区别于其他三大平台，河套是大湾区目前唯一以科技创新命名的合作区，并被赋予"打造世界级创新平台和增长极""成为世界级的科研枢纽"等使命。

第二，协调发展理念为大湾区解决不平衡发展问题提供了路径。粤港澳三地积极推进基础设施互联互通、制度对接以及规则衔接，有力地推动了粤港澳大湾区同城化建设，为区域协同创新奠定了坚实基础。一是在基础设施互联互通方面，区内跨江跨海通道持续打通，随着广深港高铁、港珠澳大桥、南沙大桥相继建成并运营，粤港澳大湾区"一小时生活圈"基本形成。二是在制度对接方面，随着"深港通""跨境理财通"等持续推进，粤港澳三地在金融领域一体化水平逐步提升。三是在规则衔接方面，随着食品、药品、交通、民生等23个领域共70项首批"湾区标准"陆续制定，粤港澳大湾区同城化趋势不断加快。

第三，绿色发展理念为大湾区可持续发展指明了方向。在绿色发展理念的指引下，粤港澳三地的生态环境保护合作机制不断完善，生态环境治理和修复联合行动不断推进，生态环境质量持续走在全国前列，区域生态文明迈入绿色低碳发展新的阶段。

第四，开放发展理念为大湾区国际化水平的提升提供了重要指引。《粤港澳大湾区发展规划纲要》将大湾区定位为打造"一带一路"建设的重要支撑区，粤港澳大湾区的开放不仅包括对外开放，还应包括湾区内部的开放。通过体制机制变革，推动粤港澳三地在金融、养老、投资、医疗等多方面的合作，进一步提升湾区内一体化水平；在对外开放的过程中，粤港澳三地充分发挥各自优势，发挥香港国际金融中心作用，为内地企业走出去提供投融资和咨询等服务，发挥澳门与葡语国家的联系优势，依托中国与葡语国家商贸合作服务平台，充分调动内地企业参与国际合作。第五，共享发展理念为大湾区居民提供了获得感、幸福感、安全感。例如，通过简化和放宽相关条例，就业、教育、医疗、社保等民生合作不断取得新突破，港澳居民来粤工作、学习、生活日益便利；依托各类合作区和示范基地共享创新创业资源，为粤港澳三地青年创新创业提供了更多的机遇，营造了更好的环境。

（三）粤港澳大湾区是融入国家发展大局的示范地

党的二十大报告指出：支持香港、澳门发展经济、改善民生、破解经济社会发展中的深层次矛盾和问题，促进香港、澳门长期繁荣稳定，支持香港、澳门更好融入国家发展大局，为实现中华民族伟大复兴更好发挥作用。进入新时代以来，党的十九大、十九届四中全会和十九届六中全会，分别把"一国两制"确定为新时代坚持和发展中国特色社会主义的14个基本方略之一、13个重要制度体系之一和13个历史性成就和变革之一，可见，中央已从治国理政的战略全局和国家治理制度建设的高度来重视"一国两制"问题。粤港澳大湾区建设是新时代港澳融入国家发展大局的新实践，也是中央顶层设计的重大国家战略。

港澳融入国家大局体现为由点到带、由带到面的空间拓展趋势。空间融入上的"点"包括粤港澳大湾区建设的"三大高地""三大极点"和诸多特色合作平台。"三大高地"是指横琴、前海和南沙三个重点合作平台，已分别量身定制了《横琴方案》《前海方案》《南沙方案》，均为国家级规划方案，重点对接和服务于澳门、香港和港澳融入国家发展大局的需要，打造成为粤港澳大湾区建设的三个桥头堡。"三大极点"是指香港—深圳、广州—佛山、澳门—珠海强强联合，形成对周边区域或都市圈的引领带动作用。香港—深圳极点围绕"河套深港科技创新合作区""北部都会区""口岸经济带"等深化合作；广州—佛山极点重点推进广佛全域同城化和广州都市圈建设；澳门—珠海极点着力共建珠西都市圈。近年来，这些合作充分发挥自身优势，多点开花，错位发展，共同促进港澳融入大湾区发展。例如，佛山顺德粤港澳协同发展合作区依靠顺德区扎实的产业基础和深厚的人文底蕴，不仅将产业创新和现代服务业发展作为未来重点推进的任务，还聚焦于港澳青年的未来发展及湾区的人文协同发展。

空间融入上的"带"是指发挥轴带支撑作用，依托以高速铁路、城际铁路和高等级公路为主体的快速交通网络与港口群和机场群，构建粤港澳大湾区经济发展轴带，形成主要城市间高效连接的网络化空间格局，实现"一小时生活圈"乃至"半小时生活圈"的目标。同时，通过更好发挥港珠澳大桥作用，加快建设深（圳）中（山）通道、深（圳）茂（名）铁路等重要交通设施，提高大湾区珠江西岸地区发展水平，促进珠江口东西两岸协同发展。空间融入上的"面"是指在"点"和"带"的基础上，建设粤港澳大湾区"9+2"世界级城市群，进而辐射带动"环大湾区"和泛珠江三角洲区域发展。建成世界级城市群是《粤港澳大湾区发展规划纲要》的五大战略定位之首，"9+2"城市群实际上与大湾区面积重合，是新时代背景下港澳融入国家发展大局的最重要的空间腹地。在此基础上，粤港澳大湾区可进一步发挥辐射引领作用，统筹珠江三角洲九市与粤东西北地区生产力布局，实现"环大湾区"周边地区"融湾发展"。同时，完善大湾区至泛珠江三角洲区域其他省区的交通网络，深化区域合作，有序发展"飞地经济"，促进泛珠江三角洲区域要素流动和产业转移，加强大湾区对西南地区的辐射带动作用；并依托高速铁路、干线铁路和高速公路等交通通道，深化大湾区与中南地区和长江中游地区的合作交流，实现粤港澳大湾区与海峡西岸城市群和北部湾城市群联动发展。

▼七 国际形势风云突变的挑战

（一）逆全球化趋势使粤港澳大湾区国际竞争压力增大

"逆全球化"是指2008年国际金融危机爆发之后，西方资本主义国家中所发生的经济和外交政策调整、政治形势和社会思潮变化。在经济层面表现为经济全球化遭遇逆流，国际贸易中保护主义盛行，全球治理中单边主义加剧，全球供应链出现被动断裂和主动脱钩；在政治层面表现为某些发达国家极端政治倾向加重、国家安全概念泛化、民粹主义和狭隘民族主义抬头。从根本上说，所谓"逆全球化"是"资本全球化"内在矛盾激化的产物。在西方世界，当金融垄断资本为维护自身利益而助推保护主义，资本主义国家为遏制新兴市场国家和发展中国家崛起而采取脱钩断供时，"逆全球化"从暗流涌动到抬头加剧的转变也就随之发生了。

随着全球经济危机的爆发，发达资本主义国家纷纷减少对外贸易投资和消费，采取"逆全球化"政策，用保护主义、单边主义限制技术、人员和资本的自由流动，利用相关政策引导企业转向投资本国或邻国的生产线。例如，美国为了降低对中国的依赖，与友邻国家开展合作伙伴关系，通过制定相关政策，试图重建以自身为核心的区域价值链体系，美国通过政策指引一方面吸引高新技术企业到美国建厂，另一方面号召本国在外投资企业回归本土，在提升本土制造业的同时，加大对关键核心技术产业的把控，并通过限制性措施阻碍中美科技交流。2019年美国通过将华为加入"实体名单"等措施，试图打击华为的发展势头；2020年美国又表示将限制中国华为继续使用美国技术与软件生产制造芯片。这一系列事件体现了粤港澳大湾区在全球产业链分工中仍然处于较为低端的水平，由于核心技术的缺失，美国对于高科技产业的打击，会对湾区内的相关产业发展产生极大冲击。面对这些问题，大湾区也在依托自身的技术人才优势，增强自主创新能力，以关键核心技术为目标，优先进行技术突破，同时也在畅通创新要素的流通渠道，消除资金、技术和信息等要素的流通壁垒，优化创新资源配置，在自主创新的同时也加强了国际的创新合作，推动创新链从知识创新到技术创新的有效转化。国际竞争的关键在于科技能力的竞争。粤港澳大湾区要定位于具有战略意义的国际创新中心，以科技实力驱动国际竞争力的进一步跃升，在对标世界最先进水平的同时，系统梳理大湾区的短板和弱项，持续推动关键核心技术的攻关。以建设大湾区综合性国家科学中心为重点，沿广深港、广珠澳"两廊"和深圳河套、珠海横琴"两点"布置，推进基础研究创新基地建设，推动粤港澳三地加快成为国际科技创新中心和世界主要科学中心。

（二）地区间贸易冲突造成粤港澳大湾区发展不确定性因素增多

当今全球贸易不平衡问题日益紧迫，顺差国和逆差国之间持续多年的争论愈演愈烈，欧美发达国家正在滑向保护主义，贸易紧张局势及其带来的不确定性不仅为全球经济蒙上了阴影，而且相关影响开始波及国际政治领域。地区贸易冲突增加了粤港澳大湾区对外贸易的限制和对外投资的风险，对大湾区这种外向型经济带来更多的风险和不确定性。自由贸易的单方限制中断在一定程度上使全球经济增长乏力、经济增速放缓，在经济层面增加了大湾区对外开放的成本。国与国之间的贸易战严重损害进出口行业的利益，欧美等发达资本主义国家实施的贸易保护和关税壁垒给我国的进出口造成极大阻力，一方面造成相关企业对全球贸易的前景产生了一定程度的悲观情绪，导致出现悲观预期，给对外贸易和跨境投资等方面造成不利影响，带来直接经济损失；另一方面国家之间的壁垒限制了技术和资金等生产要素的国际流通，这不但会对投资建厂的外资公司造成影响，也会阻碍核心产业的发展。在参与经济全球化的过程中，粤港澳大湾区曾经凭借劳动力优势，成为世界产业链体系的重要参与者，构建起了完善的产业体系，对全球制造业的发展起到重要作用，但随着中美贸易摩擦不断，粤港澳大湾区受到了明显的冲击，而疫情的流行更是使得外部环境进一步恶化。多年来粤港澳大湾区内部城市整体对外贸易程度较高，出口占GDP的比重远高于全国平均水平，美国也一直是粤港澳大湾区的主要贸易对象，2018年广东省对美国出口占总出口的比例为23.7%，2022年降为17%，严重影响了大湾区外贸企业的发展。除此之外，在面对多种类型的国际商事争端时，会面临纠纷主体复杂，涉及不同国家和地区的法律规范和商业习惯，仅仅依靠传统的司法纠纷解决方式难以适应不同国家之间跨境投资、贸易、金融、项目工程等多元需求。《粤港澳大湾区发展规划纲要》指出要加强粤港澳司法交流与协作，构建共商、共建、共享的多元化纠纷解决机制，联动香港打造粤港澳大湾区国际法律服务中心和国际商事争议解决中心。通过在粤港澳大湾区优化国际商事法庭规则，创新国际商事仲裁机构准入制度，测试商事保留和临时仲裁制度，借鉴最新国际商事仲裁实践经验，加强跨境商事调解机制和粤港澳大湾区国际商事争议解决中心建设，对接国际规则，提高我国主导"一带一路"商事争端解决的公信力与执行力。

（三）全球产业链升级给粤港澳大湾区产业结构造成冲击

价值链的升级往往指的是国家、部门和企业向高附加值的上游行业进行活动，而价值链的重构则在升级的基础上更多地强调通过技术革命、市场分配变动以及产业链管理模式变革等改变原有的产业链的价值分配方式，甚至创造新的价值链。根据要素禀赋理论，一国在国际分工中所具备的比较优势由其自身的要素禀赋构成所决定，进一步决定了其嵌入全球价值链的位置，故要素禀赋的发挥程度将影响一国或一地区价值链的升级。要素主要分为物质资本和人力资本，物质资本指机器设备、厂房等生产物资，更好的物质条件能够提高资源配置的效率进而提高国际分工地位，尤其是对于发展中国家而言，物质资本的边际效用相对更高，物质资本的积累促进本国制造业地位的提升；人力资本指劳动力的综合素质，高质量的人力资本作为要素投入生产活动中时会提升生产效率，提高产品产出，同时还会提高学习能力，快速吸收国外先进技术和管理经验，使企业可以快速实现产品的迭代升级，完成价值链地位的攀升。

在大国竞争背景下，粤港澳大湾区的现代化产业体系建设面临着诸多问题：产业安全受制于人；产业体系尚不完整；产业间、城市间、区域间协同机制欠缺；高端产业控制力不足；市场占有率有待提高等。纽约、旧金山、东京三大湾区的第三产业占比均已超过80%，而粤港澳大湾区第三产业比重约为65%，第二产业比重约为32%，整体仍处于由工业经济逐步迈向服务经济的过程中，且个别城市产业结构的梯度差异较为明显，与其他内地省份相比，粤港澳大湾区需要通过内部的产业对接，迅速走过"低成本优势—市场优势—产业集群优势"等发展阶段。大湾区经济发展方式要从规模速度型向质量效益型转变，粗放型增长方式对粤港澳大湾区资源、环境已经无法适应，这就使得粤港澳大湾区经济发展形成的"两头在外""大进大出"的出口导向发展模式受到严重挑战。在这一背景下，大湾区也在推动创新机构集聚，实现产业结构的转型升级。从科技巨头公司如华为、腾讯，到粗具规模的大疆、比亚迪，粤港澳大湾区诞生了一批强大的科创企业。根据胡润研究院发布的《2022年中全球独角兽榜》，中国有312家独角兽企业上榜，其中粤港澳大湾区有超过50家企业上榜，在世界四大湾区中排在旧金山湾区之后，居于第二位，此外，大湾区的创新重点部署在电子信息、数据分析及处理、无线通信、医疗等产业，十分符合大国竞争背景下实现引领控制现代化产业体系的发展要求，具有较强增长动能。

粤港澳大湾区与国际其他知名湾区比较分析

CHAPTER 3

湾区经济是当前世界上重要的滨海经济形态之一，是带动全球经济发展与技术变革的重要角色。纽约湾区、旧金山湾区和东京湾区是国际一流湾区的主要代表，这三大湾区在基础设施一体化、要素流动自由化、产业分工协同化、营商环境包容化等方面进行了积极探索并取得了显著成效，成为其获得巨大成功的重要因素。[①]通过将粤港澳大湾区与国际知名湾区进行比较分析，能为大湾区创新突破与高质量发展提供经验借鉴。

 一　地理区位与交通网络

湾区是指海岸线向内陆凹陷的地理单元，由于海洋深入陆地内部，在陆地的遮挡作用下形成了一个风浪小、海面静的优良港湾，因此湾区地带有利于港口的建设与发展。在此水域条件基础上，若湾区还拥有平坦开阔的陆域条件、广阔的经济腹地、经济发达的大城市依托以及便捷的交通网络等要素，将获得湾区经济发展的巨大潜力，在世界经济日趋一体化的现代社会，成为一个国家或地区开展海洋对外贸易的重要窗口。

优越的地理区位与发达完善的交通网络有利于降低物流和运输成本，提高市场可达性，产生产业与人才的集聚效应，为科技创新与提高区域竞争力注入动力，是发展湾区经济的必要条件。国际三大知名湾区与粤港澳大湾区在地理区位与交通网络方面具有较大的相似性，它们的形成和发展与各自的地理区位条件有着密切的联系。

---

① 谢俊、申明浩、杨永聪：《差距与对接：粤港澳大湾区国际化营商环境的建设路径》，《城市观察》2017年第6期。

（一）纽约湾区

纽约湾区又称纽约大都市区，位于美国东海岸，哈德逊河入海口附近，北邻五大湖区，南接大西洋。涵盖了纽约州、康涅狄格州、新泽西州等众多重要城市和地区，面积达33484平方公里。

纽约是一个典型的海港城市，已建立起了成熟的湾区交通体系——纽约湾区充分利用其地处湾区所拥有的避风、岸线长、腹地广等地理位置优势，构建了以纽约、新泽西、纽瓦克等为主的港口群，通过水运、铁路、公路、航空、桥梁、隧道、地下铁道等交通网络将其腹地扩大到美国中西部。贯穿全区的交通协调体系促进了湾区内要素的聚集与扩散，将当地的经济活动范围拓展至全世界，由此带动了纽约湾区的金融、贸易、制造业和服务业的发展。[①]

（二）旧金山湾区

旧金山湾区位于美国加利福尼亚州北部西海岸，位于沙加缅度河下游出海口的旧金山湾和圣巴勃罗湾四周，西濒太平洋，东接内华达山脉。除旧金山、奥克兰、圣荷西三大中心城市外，区内共有9个县、101个城市，面积为1.8万平方公里。

旧金山湾区以太平洋铁路与美国其他区域连接起来，商品和资金通过这条铁路向外流通。对内通过铁路联通内陆，对外通过港口连接太平洋。除了轨道交通与水运交通，旧金山湾区的公路交通也同样发达，环路加放射线状的公路网络结构极大地提高了该区域的互联性与通达性。

[①] 申勇、马忠新：《构筑湾区经济引领的对外开放新格局——基于粤港澳大湾区开放度的实证分析》，《上海行政学院学报》2017年第1期。

（三）东京湾区

东京湾区位于日本本州岛南部海湾，关东平原南部，毗邻太平洋，是一个深入内陆80余公里的优良深水港湾。东京湾沿岸是马蹄形港口群，由横滨港、东京港、千叶港、川崎港、木更津港、横须贺港等六个港口首尾相连。港湾内宽外窄，紧连冲积平原区，不仅有利于港口贸易和交通运输，而且适合仓储区和工业区的建设发展。

东京湾区主要由房总半岛和三浦半岛组成，包括东京都、神奈川县、千叶县和琦玉县，面积达1.36万平方公里，海岸线全长154公里，周围分布有东京、横滨、川崎、千叶等港口城市。

东京湾区重视港城协调联动，重视交通等基础设施建设，促进各种资源要素的集聚。发展至今，已在东京市区与周边城市之间建立起了以轨道交通为主、高速公路为辅的客运网络体系，由铁路、地铁、单轨列车组成的综合铁路网促进了区域和周边城市之间的人口流动和都市产业布局调整。①

（四）粤港澳大湾区

与三大湾区相比，粤港澳大湾区在地理区位与交通网络方面的条件也十分优越。粤港澳大湾区位于我国珠江通往南海的重要出海口，位于三面环山、一面临海的海陆位置，适合发展外向型经济，是我国早期海上丝绸之路的重要起点。

大湾区的港口资源十分丰富，拥有香港港、深圳港、广州港等世界级集装箱港口。深圳、香港、广州、东莞等4个港口已迈入亿吨大港行列，

---

① 伍凤兰、陶一桃、申勇：《湾区经济演进的动力机制研究——国际案例与启示》，《科技进步与对策》2015年第23期。

深圳港、香港港、广州港三大港集装箱吞吐量均位居世界前十位。[①]据《2022年中国海洋经济统计公报》显示，深圳港在2022年的集装箱累计吞吐量达3003.56万标箱，同比增长4.39%，成为全球第四个年吞吐量突破3000万标箱的港口。[②]

区域内的轨道交通系统、高速路网、港珠澳大桥、深中通道干线、水运航线等交通基础设施将全区域联通起来，广州、深圳、香港等国际航空枢纽提高了大湾区的交通服务能力。数据显示，粤港澳大湾区机场群实现旅客吞吐量从2008年的1.1亿人次增加至2022年的2.23亿人次，规模与增速均领先全球其他湾区机场群。截至2022年5月中旬，深圳宝安国际机场新开和加密国际航点11个，国际及地区航线达35条，货运航班进出港8262架次，同比增长38.0%，进出口货量共计28.8万吨，同比增长22.4%。以大湾区为中心，贸易圈向东南亚、欧美、中东、澳新（澳大利亚和新西兰）等重要区域不断拓展，有力推动了粤港澳大湾区机场群的发展。[③]

▼二　发展格局与功能定位

湾区作为区域经济发展的重要模式之一，通过明确湾区内部各城市的分工定位和发展路径，可以充分发挥区域内部的协同作用，从而提升区域发展速度，实现规模经济和范围经济。[④]清晰定位湾区内各城市或地区的

---

① 《深港双城记 | 湾区崛起世界级港口群机场群》，澎湃新闻2022年6月24日。

② 《预计全球第四、首次突破3000万标箱！深圳港集装箱吞吐量创新高》，《证券时报》2023年1月5日。

③ 《深港双城记 | 湾区崛起世界级港口群机场群》，澎湃新闻2022年6月24日。

④ 沈子奕、郝睿、周墨：《粤港澳大湾区与旧金山及东京湾区发展特征的比较研究》，《国际经济合作》2019年第2期。

功能特点，并对整体发展格局获得宏观了解，有利于为制定发展战略和目标明晰方向，从而据此优化资源配置，使资源更好地服务于经济发展；还有利于发挥各自的比较优势，提升协同效应，最终有利于提高湾区整体竞争力。发展格局与功能定位对发展湾区经济至关重要。纽约湾区、旧金山湾区、东京湾区和粤港澳大湾区各有其独特的发展格局和功能定位，这使得它们能够更好地发挥自身优势与特点，促进经济长足发展。

（一）纽约湾区

纽约湾区以强大的核心城市——纽约市作为湾区的核心与增长极。纽约湾区以金融为主要功能，是全球最重要的金融中心之一，同时也是全球时尚和艺术中心之一，拥有众多著名的时尚品牌和艺术机构。

纽约市内曼哈顿岛集中的华尔街、联合国总部、百老汇、卡耐基音乐厅、大都会博物馆、纽约大学、哥伦比亚大学等，奠定了其显著的国际都市地位，并拉动了布鲁克林、布朗克斯、昆斯和里士满等市区的发展。纽约市的急速发展导致了经济发展与空间不足的矛盾，于是推动纽约市不断向外扩张，逐渐形成了城市错位发展的模式。

在纽约市辐射带动周边发展的过程中，湾区内的各城市也充分挖掘各自禀赋，渐次错位发展起来。例如纽约湾区东北部的康涅狄格州（以下简称"康州"）地区发展为全美重要的制造业中心之一，区内的格林尼治小镇汇聚了500余家全球顶级对冲基金，被称为"对冲基金之都"；此外，康州还在房地产、制造业、耐用材料等领域保持产业产值领先的突出优势。纽约湾区西北部的新泽西州则以制药业发达著称，世界上多家大型制药和医疗技术公司总部或中心均设在新泽西州；同时，还有一大批通信产业聚集在普林斯顿大学和贝尔实验室旁边。

总体而言，无论是纽约市或是其周边的城市小镇，都探索出了匹配自身发展优势的支柱产业，以渐次错位的模式发展起来，共同打造了纽约湾区集国际金融中心、航运中心、重要制造业中心为一体的发展格局。

（二）旧金山湾区

旧金山湾区呈现为平衡的多中心发展格局，是湾区城市多样化发展的代表。区内城市在经济活动、文化活动等多方面联系密切，但各自具有相对独立的发展策略，在分工与合作中不断融合。例如旧金山以旅游业、服务业以及金融业为发展方向，奥克兰重点建设港口经济，圣荷西重点发展电子业以及加工工业。在多中心格局下，湾区城市不仅具有自由、开放、创新的氛围，还各自具备独特的资源优势，对创新人才与跨国投资者都具有相当的吸引力。

旧金山湾区以"科技湾区"为主要定位，聚集了斯坦福大学、加州大学伯克利分校等20多所世界一流大学和多个享有国际声誉的国家实验室，并拥有一大批重大科技基础设施。这些资源为科技创新提供了强大的支持，使旧金山湾区成为全球创新高地和最重要的科技创新中心之一。同时，旧金山湾区也是以电子与信息技术产业为代表的全球最大的产业创新集聚区域，拥有硅谷科技创新区和众多研发型企业，高技术经济占据了该湾区的半壁江山。此外，旧金山湾区也是全球重要的旅游目的地之一，拥有美丽的自然风光和丰富的文化氛围。

（三）东京湾区

东京湾区采用城市群的发展模式，是日本最大的工业城市群和国际金融中心、交通中心、商贸中心和消费中心，也是全球最大的城市群之一。该区域拥有发达的制造业和商业，以及高度密集的人口和完善的交通网络，聚集了日本三分之一的人口、三分之二的经济总量和四分之三的工业产值。拥有庞大的港口群，港口吞吐量超过5亿吨，是日本对外贸易的重要窗口。

东京湾区以多功能的首都东京作为湾区发展核心。东京湾区既有首都功能，又有临海优势。除政治中心以外，东京同时也是日本的经济中心，具有京滨叶工业区和最繁华的商业区。它还是日本的文化教育中心，拥有日本三分之一的大学，博物馆、图书馆等各种文化机构集中在此。另外，作为国际性大都市，东京会定期举办音乐节、电影节等各种国际文化交流活动，以丰富的文化资源和消费市场吸引着许多文化创意产业和高端消费品牌。

东京湾区采用的是圈层式的结构与功能布局。区域被划分为东京都圈、东京大都市圈、东京首都圈、东京都区部和东京都心三区5个圈层；目前已形成"主中心区域—次中心区域—郊区区域—较边远的县镇区域"等多核多中心的空间发展模式。湾区内的城市功能按照规划的圈层进行分布，在10~20公里圈内，主要为首都圈中心、物流枢纽组中心、教育科研中心；20~50公里圈内主要为近郊住宅中心、产研联合工业城等；50公里圈以外，主要是重工业生产区、汽车工业型城市和地区等。在此规划下，东京湾作为优良的深水港湾，沿岸形成了由横滨港、东京港、千叶港、川崎港、木更津港、横须贺港六个港口首尾相连的马蹄形港口群，年吞吐量超过5亿吨。

湾区内的城市构成了鲜明的产业分工体系，以高新技术、现代物流、装备制造、石油化工等产业为主导。作为日本最重要的工业基地之一，东京湾区集中了日本的钢铁、有色冶金、炼油、石化、机械、电子、汽车、造船等主要工业部门，聚集了三菱、丰田、索尼等一批世界500强企业。

（四）粤港澳大湾区

粤港澳大湾区是中国南部地区的重要经济增长极，也是中国最具活力和潜力的湾区之一。该区域拥有丰富的自然资源和较为完善的产业体系，以制造业为主导，同时发展金融、科技、商业等产业。

粤港澳大湾区内的各个城市有着较为明显的功能划分。香港、深圳、广州是当之无愧的三大核心城市——香港作为国际金融中心，为大湾区提供最强大的资金支持，并借助港口优势成为大湾区的国际接轨窗口；深圳是科技创新中心，以浓厚的创新氛围吸引人才入驻，成为大湾区提高生产力和竞争力的主要动力支撑；广州是环球贸易中心，以包容心态欢迎八方来客，为来自世界各地的商贸活动提供便利规范的广阔平台，是实现与创造价值的重要环节。其余几个城市中，佛山、东莞、中山是新型制造业中心；江门、肇庆可以承接其他城市转移出来的传统制造业；珠海、澳门两个相邻城市依托各自资源禀赋和交通联系，成为大湾区的旅游休闲中心；惠州作为深圳的卫星城，除了承接深圳的制造业转移，还承接着深圳外溢的居住需求。

总体而言，粤港澳大湾区通过加强城市间的合作与协调，推动实现区域一体化，实现资源共享和优势互补，从而实现提升整个区域的综合实力和国际竞争力的发展目标。

▼三　政府规划与社会参与

政府规划是发展湾区经济的重要手段，可以为湾区的发展提供战略方向和政策支持；可以优化湾区的产业结构，促进产业升级和转型，提升湾区的竞争力和可持续发展能力；还可以加强湾区的交通、能源、水利等基础设施建设，提高湾区的城市品质和生活质量。

与政府力量相辅相成的是社会力量的参与。社会参与是发展湾区经济的重要保障，可以促进湾区的社会和谐和经济发展；可以调动广泛的社会力量，激励企业、社会组织、个人等为湾区的发展提供多元化的支持和资源；还可以促进公众对湾区发展的理解和支持，提高湾区的知名度和美誉度。

（一）纽约湾区

纽约湾区以跨行政区域的规划为抓手、以非政府组织为主导，在广阔的空间范围内进行既科学专业又灵活多元的区域规划。在纽约湾区发展早期，行政区划调整是扩展城市空间、协调区域发展的重要手段。在刚性的行政区划调整之外，纽约大都市区内的不同地方政府也尝试建立了一些更加柔性的协作纽带，例如由纽约市和新泽西州共同建立的纽约—新泽西港务局。

除了正式的公共机构，纽约湾区还有众多的社会组织、机构和企业，它们在公益事业和社区建设中同样发挥着重要作用。由纽约都市区的专家学者、商业领袖和公民代表等组建的非营利组织——区域规划协会，是世界上成立最早的区域协调组织之一，对纽约大都市区的区域发展产生了切实、积极的影响。纽约湾区的大企业和小型企业都很重视社会责任，例如以参与公益活动、捐赠资金等方式支持教育和医疗等领域的发展，或是通过与政府的合作推动城市更新和改造。既推动了社区生活质量提高，也树立了良好的企业形象。

纽约州政府和纽约市政府也会积极拓展渠道与社会各界进行互动，例如通过公开征集规划方案、举办公民论坛等方式，广泛听取社会各界的意见和建议，丰富公众参与的渠道和机会，提升多样性，使政府的决策能够更好地反映社会的需求和期望。

总体而言，在纽约湾区的发展历程中，为实现有效的跨域治理与协作，行政区划调整、政府间协作以及非政府组织均发挥了重要作用，尤其以社会组织、机构企业、社区民众等的广泛参与为特点，汇集整合为多领域的治理力量，为纽约湾区的跨域治理持续提供着多元、专业而又灵活的智库支持。

（二）旧金山湾区

旧金山湾区采取的是多组织协同下的网络治理的跨域治理模式。在发展早期，行政区划调整曾发挥了重要的跨域整合作用，例如旧金山市政府积极推动的城市更新和改造活动，加强了基础设施建设和社会服务。

在跨域治理方面，旧金山湾区拥有国际三大湾区中最为成熟的组织体系，组建了众多的区域性机构，例如政府间合作组织的湾区政府协会、大都市交通委员会，以及作为非政府组织的湾区委员会等，数量众多的跨域组织之间组成了密切的协作网络，尽管性质各异、分工不同，但各跨域组织均秉持开放与合作的精神共同为旧金山湾区的发展提供着可持续的支持力量。除了以上组织，科技企业和创新机构也会积极参与公益事业和社区建设，例如科技企业会支持教育、医疗等领域的发展，同时也会与政府合作推动科技创新和经济发展。

（三）东京湾区

东京湾区以中央政府为主导的区域规划为显著特征，是一个由国家政府主导推动打造出的世界级湾区。自发展以来，日本政府就对其首都圈各县的功能定位进行了规划，并根据发展形势的演变而不断调整。

1958年以来，日本中央政府共实施过7轮首都圈规划（日本国内称之为《首都圈整备计划》），逐步塑造出当前"一都七县"的东京湾区格局。在1958年的第一次首都圈规划中，日本不仅在制度层面制定了《首都圈整备法》，还组建首都圈整备委员会作为专门机构。在1968年的第二次首都圈规划中，首都圈的范围开始扩大并囊括了东京都周边县域，形成了"一都七县"的广域湾区格局。继而在1976年的第三次首都圈规划中，日本进一步提出了"广域多核都市复合体"的构想，推动东京湾区由"一核集中"走向"多核互联"。1986年的第四次首都圈规划基本延续了第三次首都圈规划的理念，提出打造"多核多圈"的地域格局。在1999年的第五次首都圈规划中，则进一步强调发展"分散型的网络构造"，并考虑到了与首都圈周边区域的合作发展。2000年以来，日本政府又相继于2006年和2016年实施了第六次和第七次首都圈规划，提倡打造"对流型"首都圈。

在国际三大湾区中，东京湾区的特殊性在于其为国家首都的所在地，因此尽管首都圈规划日益重视区域均衡发展，但东京仍然占据着主导核心地位。

（四）粤港澳大湾区

政府宏观规划在粤港澳大湾区的发展过程中扮演着至关重要的角色。中国政府出台了《粤港澳大湾区发展规划纲要》，为大湾区的整体发展提供了战略指导和行动纲领。该规划明确了各城市的功能定位和协同发展，并提出了加快基础设施互联互通、构建具有国际竞争力的现代产业体系、推进生态文明建设、建设宜居宜业宜游的优质生活圈、紧密合作共同参与"一带一路"建设、共建粤港澳合作发展平台等重点任务。除了宏观上的政策指引，地方政府也结合自身实际出台了更加细致的行动计划，例如《广东省推进粤港澳大湾区建设三年行动计划（2018—2020年）》等。

还有聚焦到科技创新、产业发展、人才引进等关键领域的政策措施。

例如广东省人民政府于2019年出台的《关于进一步促进科技创新若干政策措施的通知》、广州市人民政府办公厅于2022年发布的《广州市战略性新兴产业发展"十四五"规划》、深圳市地方金融监督管理局等于2023年发布的《深圳市关于金融支持科技创新的实施意见》等，这些政策措施为大湾区的科技创新和经济发展提供了强有力的支持。

在正式制度之外，粤港澳大湾区注重社会参与的力量，通过加强公众参与以及同利益相关者的合作，推动大湾区的共同发展。同时注重公共治理创新，通过建立新型治理机制和模式，提升区域发展的综合效益。例如，深圳市成立了"前海深港现代服务业合作区"，探索共商共建共管共享的治理新模式，为区域协调发展提供了新的思路和方法。

总之，粤港澳大湾区在政府规划与社会参与方面表现出政府规划引领、政策支持助力、社会参与推动、公共治理创新等特点。这些特点有助于实现区域一体化发展，打造科技创新中心、金融和贸易中心，提高国际化程度，集聚高素质劳动人才，为大湾区的未来发展提供坚实的支撑。

▼ 四 经济发展与科技创新

（一）纽约湾区

纽约湾区被视为世界湾区之首，是美国的经济中心，城市化水平高达90%以上，制造业产值占全美的30%。作为全球最重要的金融中心之一，纽约湾区被称为"金融之湾"，因为这里集聚了大量世界著名的银行、证券机构和保险公司，是全球规模最大、最发达的金融中心，拥有全球市值最大的纽约证券交易所和全球市值第三的纳斯达克证券交易所，金融服务业占湾区GDP的比重高达15.39%。占据湾区核心地位的纽约则是世界经济和国际金融的神经中枢，被誉为"美国东海岸硅谷"。

世界著名的华尔街即位于纽约湾区。华尔街地处纽约市5个行政区中最富有的曼哈顿区，是世界上摩天大楼最集中的地区之一。华尔街聚集了大量金融机构和企业总部，其中许多公司都是全球知名的金融品牌。此外，华尔街的许多金融机构和企业一直在致力于研究和开发各种金融产品和服务，不断推出新的金融工具和金融模式，这些创新在很大程度上推动了全球金融业的发展，并对全球经济产生举重若轻的影响。

在全球排名前100家银行中，90%以上在纽约设有分支机构。超过55家全球500强企业位于此地。纽约湾区以发达的制造业和金融业、便利的城际交通、突出的产业优势孕育了众多引领全球创新潮流的科技企业，集聚了大量金融、证券、保险及期货市场的人才精英。

（二）旧金山湾区

旧金山湾区是一个"创新型海湾"，拥有完善的创新资本生态系统。如果说纽约是以金融取胜，那旧金山湾区则是以科技制胜。旧金山湾区的高新技术产业一直处于领先地位，世界著名的硅谷即位于旧金山湾区一带，众多知名的高科技企业和研发中心云集此处，例如惠普、英特尔、Google、苹果公司、Facebook、亚马逊等世界闻名的高科技公司均坐落于此。这些企业不仅在各自的领域内取得了卓越的成就，还推动了整个高新技术产业的发展。根据美国风险投资协会的数据，硅谷在2018年共获得654亿美元风险投资，占全美总风险投资的34.7%，这些风险投资中43%来自积极的投资者。经过多年发展，旧金山湾区已在高新技术产业、金融服务业、文化产业和旅游业等方面取得了显著成效。

旧金山湾区是科技创新的重要推动力。这里拥有世界一流的大学和研究机构，如斯坦福大学、加州大学伯克利分校等，这些机构为科技创新提供了坚实的基础，也使旧金山湾区成为全球科技人才的聚集地，汇聚于此的高素质人才涵盖了计算机科学、工程、生物技术等多个领域，为科技创新提供了源源不断的动力。此外，许多知名的风险投资公司和孵化器也聚集在此地，为初创企业提供了资金和资源支持。除了高新技术产业，旧金山湾区还拥有多元化的产业结构，聚集了许多金融、医疗、文化创意等产业，这些产业与高新技术产业相互促进，形成了良好的经济发展态势。

（三）东京湾区

东京湾区是产业之湾，作为日本的经济中心，以产业湾区作为主要的发展模式，以其繁华的东京都、先进的工业制造和高效的物流港口而闻名，聚集了大量的大型企业总部、金融机构、研究机构等。

作为世界上重要的国际金融中心，东京湾区是日本最主要的银行集中地，拥有日本最大的东京证券交易所，占日本全国证券交易量的80%。东京湾区的创新能力非常强大，高新技术产业发达，聚集了众多知名的科技企业和研发中心，如索尼、佳能、东芝、富士通等。东京大学、东京工业大学等世界一流的大学和研究机构为科技创新提供了坚实的基础。此外，东京湾区还拥有发达的商业和服务业，为区域内的企业和居民提供支持和服务。

东京湾区在经历了数次产业结构调整后，目前已经形成了以高新技术产业、现代服务业和先进制造业为主的产业体系。其中，高新技术产业包括电子信息、生物医药、新能源等领域，现代服务业包括金融、文化创意、教育等产业，先进制造业包括汽车、航空航天、机械制造等领域。这些产业的快速发展为东京湾区的经济发展提供了强有力的支持。

（四）粤港澳大湾区

粤港澳大湾区是中国最具活力和开放度的区域之一，经济总量持续增长。积极推动产业升级和转型，以高新技术产业、现代服务业和先进制造业为主导的产业体系逐渐形成，金融和贸易中心地位愈加突显。同时，科技创新实力强大，拥有丰富的科技资源和创新能力，聚集了一批知名的高科技企业和研发机构，在人工智能、生物医药、新能源等领域取得了重要的科技创新成果。

▼五 社会氛围与人才集聚

湾区具有"内环形陆地+共享湾区水体"的海陆共生的自然生态系统，[①]适宜发展外向型经济的自然环境孕育了开拓创新、自由活跃的社会氛围，舒适宜居的生态环境也吸引了大量高端人才集聚。由此塑造了创新创业的社会氛围和高度包容的移民文化，为湾区发展吸引人才和投资，从而推动经济长足发展。

（一）纽约湾区

纽约湾区是典型的国际移民之都，以多元文化特性吸引了来自世界各地的人才，是全球人员流动最频密的区域。这里的人口组成非常多元化，包括来自不同国家、不同文化背景的人。这种多元文化氛围为纽约湾区注入了独特的活力和创新力，也使其成为全球人才集聚的重要区域。

---

① 申勇、马忠新：《构筑湾区经济引领的对外开放新格局——基于粤港澳大湾区开放度的实证分析》，《上海行政学院学报》2017年第1期。

这里有世界一流的教育和科研机构，麻省理工学院、哈佛大学、宾夕法尼亚大学、耶鲁大学、哥伦比亚大学、普林斯顿大学、康奈尔大学等高等院校聚集此地，为纽约湾区的科技创新提供源源不断的新鲜血液。

同时，纽约湾区以其多元文化、开放包容的社会氛围而闻名，丰富的文化活动吸引了来自世界各地的移民和人才。作为纽约湾区的中心，纽约市的曼哈顿区有华尔街、百老汇、中央公园、联合国总部、第五大道、大都会艺术博物馆等著名机构和地标性建筑，各种艺术展览、音乐会、戏剧和博物馆等举办的文化活动为人才集聚提供了良好的环境。

纽约湾区具有高效的交通网络和优越的地理位置。这里的交通网络非常发达，包括地铁、公交、高速公路和铁路等，使得人们可以方便地到达工作地点和商业中心。此外，纽约湾区位于美国东海岸的大城市带，具有得天独厚的地理位置优势；从城市高楼到郊区小镇各式各样，居住环境多元多样。生活便利、公共交通发达、宜居宜业的社会环境成为吸引人才留居的重要因素之一。

（二）旧金山湾区

旧金山湾区以其独特的科技创新环境和人才优势成为全球科技创新中心之一。这里有众多世界著名的高等学府和研究机构，包括公立型的加州大学伯克利分校和私立型的斯坦福大学，以及世界顶级医学中心加州大学旧金山分校等，丰厚的科研资源和数量众多的科技人员为科技创新提供了强大的人才支持。

旧金山湾区拥有成熟的科技金融体系，是美国乃至世界风险投资行业最发达的地区，以风险投资行业为主体，以传统金融产业、创业板市场为辅，二者相互促进、共同发展。①旧金山湾区搭建起了完善的"大学—企业—风险投资—政府"创新生态系统，汇聚高端的金融与专业服务，大力发展科技中介服务体系，满足企业在科技研发、成果转化、产业化发展等各个阶段的异质性需求，实现各类社会资源的充分调动和配置。

旧金山湾区以创新驱动为核心发展动能，高新技术产业世界领先。一批富有创新精神的中小企业在自由创新的市场氛围中发展迅速，借助区域内的高校、科研机构、企业、金融机构、政府等之间的良性生态系统，成为旧金山湾区经济发展的源动力。

除了具有开放、自由、包容的社会氛围，优美宜居的自然环境也是吸引创新创业者云集此处的重要原因之一。旧金山湾区气候宜人，居住环境以山海景观为主，自然环境优美，有较多的公园和绿地。

（三）东京湾区

东京湾区是日本高素质人才最为集中的地方，也是亚太地区人员流动最频繁的区域。当地政府实施了各种政策来吸引和留住人才，国际化程度非常高，如众多国际知名企业和人才，外籍人口比例较高。许多跨国公司和国际机构将总部或分支机构设在这里，使得东京湾区成为全球化的重要枢纽。东京湾区是日本科技创新的中心地带，拥有众多高科技企业和研究机构，拥有东京大学、东京工业大学、庆应义塾大学、早稻田大学、千叶大学等著名院校，以及大量致力于研究和开发各种新技术和产品的企业与研究机构。学校、机构、企业之间有着紧密的合作关系，合力推动了科技创新的发展。

东京湾区是一个多元文化的区域，这里的人口来自不同的国家或地

---

① 伍凤兰、陶一桃、申勇：《湾区经济演进的动力机制研究——国际案例与启示》，《科技进步与对策》2015年第23期。

区，拥有不同的文化背景。这种多元文化氛围为东京湾区注入了独特的活力和创新力，也使其成为全球人才集聚的重要区域。同时，东京湾区也具有较高的文化包容性，尊重和欣赏不同的文化传统和价值观。

在居住环境方面，由于土地有限，东京湾区的居住环境相对拥挤。但东京湾区为这里的居民提供了良好的生活环境和公共服务，包括发达的交通、高品质的医疗保健、教育、娱乐和文化设施等。这些设施和服务为居民提供了舒适的生活条件，也为人才提供了更加便利和高品质的工作和生活环境。

（四）粤港澳大湾区

粤港澳大湾区具有独特的地理优势和历史文化背景，具有多层次、多元化的特点。这里的人们拥有着不同的语言、习俗和文化传统，相互交融、相互影响，形成了独特的社会氛围。这种多元文化氛围为区域增添了浓厚的人文气息，也为居民提供了多样化的文化体验。

粤港澳大湾区的人居环境相对较好，是一个宜居宜业的优质生活圈。大湾区拥有丰富的自然资源和生态环境，气候宜人，自然风光秀丽。湾区内的城市基础设施较为完善，交通便利、通信发达。同时，大湾区还拥有较为完善的公共服务设施，如教育、医疗、文化等，为居民提供了良好的生活条件，但交通拥堵问题较为突出。

粤港澳大湾区注重法治建设和社会治理创新，政府积极推进法治化、国际化营商环境的建设，为各类企业提供公平竞争的市场环境。同时，大湾区也注重民生改善和社会福利保障，为居民提供更好的生活条件和公共服务。

近年来，粤港澳大湾区不断完善人才流动特别是国际人才流动的相关制度安排，加快推进人才引进和培养政策，多管齐下促进人才高效集聚，大量高端科技人才、管理人才和专业技能人才汇聚于此，助推大湾区实现高质量发展。凭借得天独厚的海港优势、开放的经济结构、高效的资源配置能力，粤港澳大湾区正向全国跨省际人口净流入量最大的区域迈进，人才集聚效应不断增强。在国际人才方面，作为中国南方重要的经济中心之一，吸引了大量外籍人口和跨国企业。这种国际化氛围使得大湾区成为国际交流和合作的重要区域，也为居民提供了更广阔的发展机会。与此同时，大湾区具有浓厚的创业氛围，支持创新和创业的政策和制度相对完善，众多知名高校、科研机构和企业总部也为人才提供了广阔的发展平台和成长机会，海纳百川的文化包容性也有利于吸引和留住人才。

粤港澳大湾区经济发展的新突破

CHAPTER 4

一 新时代粤港澳大湾区经济建设的理论遵循

（一）贯彻新发展理念

理念是行动的先导，一定的发展实践都是由一定的发展理念指导的，发展理念是否对头，从根本上决定着发展成效乃至成败。贯彻新发展理念是实现高质量发展的必然要求，这是针对我国发展面临的突出矛盾提出来的，以其他理论来指导实践难以实现高质量发展。在推动粤港澳大湾区经济建设高质量发展的过程中必须以马克思主义政治经济学为指导，同时辩证看待西方经济学，借鉴其中合理的部分为我所用。习近平总书记在党的二十大报告中明确了前进道路上必须牢牢把握的"五个重大原则"，其中一个原则就是"坚持以人民为中心的发展思想"。粤港澳大湾区一体化建设把"以人民为中心"作为根本宗旨，共同推进高质量发展。当前，世界上已有成功的湾区建设范例，我们在借鉴学习的同时，需注意粤港澳大湾区建设的客观条件与特殊性。粤港澳大湾区各地初始资源禀赋对标世界发达湾区相对不够平衡。"以人民为中心"根本宗旨要求发展兼顾效率与公平，为把握新发展理念提供明确指导。因此在打造引领示范的同时，需统筹做好湾区产业治理和转移的布局规划，不仅效率上做到物尽其用，也可通过人尽其才兼顾公平。从根本宗旨把握新发展理念进行大湾区一体化建设，就是以创新突破发展条件制约，以协调做好产业布局规划，以绿色落实"双碳"行动，以开放交流学习发展的经验教训，以共享深入基层、立体考虑，让人民不仅能够投入高质量发展中，成果也能够惠及人民，切实提升人民参与感、获得感与幸福感。

站在新的历史起点上，粤港澳大湾区建设进入新的发展阶段，作为经济基础的产业体系建设，必须面对原始创新要素不足、绿色发展能力不强、协调发展程度不高等关键性问题，遵循新发展理念要求，不仅要做好"大"的文章，更要做好"强"的旋律、"优"的篇章，探索新时代产业高质量发展的新路径，加快实现粤港澳大湾区产业体系向"大而强""大而优"转型跨越，不断深化粤港澳大湾区在经济高质量发展中的引领和示范作用。在新发展理念的指导下，粤港澳大湾区一体化建设是新时代新阶段把握区域协调发展、平衡充分发展的新思路新办法。要深刻认识和把握粤港澳大湾区一体化的关键发展问题，必须全面贯彻新发展理念。一是通过创新引领科技自立自强，重点攻克"卡脖子"问题。通过完善大湾区国际科创中心"两廊""两点"架构体系，不断引领科技创新，有力推进大湾区一体化发展，将大湾区打造成为高质量发展典范。二是通过协调发展，不断解决湾区城市、城乡发展差距问题，以一体化为基础，错落有致地发展经济。"一体化"不是"一样化"，协调发展也不是"一刀切"地以某种样板为标准进行发展，而是充分发挥区域比较优势，以一体化思路协调建立优势或特色产业，形成百花齐放的局面。三是以绿色发展理念，解决绿色低碳转型问题。绿色发展理念已深入人心，要站在全局高度，坚持粤港澳大湾区一体化绿色发展，不仅要做到优化产业配置，还要从根本上减少污染和能耗。通过发挥区位优势，集中治理和帮助高污染高耗能企业转型。四是从开放的角度，处理好粤港澳大湾区积极参与国际分工和保障国家安全的关系问题。当前全球新冠肺炎疫情仍未见底，粤港澳三地所面对的现实情况亦有所差异，因此更需一体化统筹确保安全，为扩大开放打下坚实基础。五是从便利共享的角度，推进粤港澳大湾区基本公共服务一体化建设，以解决民生问题。坚持共享，可以取长补短，通过先进共享经验如"清单制"等，补齐城乡基层治理短板；共享高校等机构资源帮助农业生产提质增效，助力开发文创、红色旅游，提振湾区乡村振兴，推进一体化高质量发展。

进入新时代以来，粤港澳大湾区经济建设的发展环境和社会主要矛盾发生了深刻变化，中国的经济发展进入新常态，从"重视数量"转向"提升质量"，从"规模扩张"转向"结构升级"，从"要素驱动"转向"创新驱动"。①盲目追求高速度的发展已经难以满足人民对美好生活的需要，以人民为中心是当前一切工作的出发点和落脚点。所以，推进新时代粤港澳大湾区经济建设必须坚持新发展理念。新发展理念是一个系统的理论体系，在推动发展的过程中贯彻不到位就会影响发展进程，必须完整、准确、全面落实新发展理念，才能推进高质量发展。新发展理念是高质量发展的指导思想。贯彻新发展理念是关系我国发展全局的一场深刻变革，不能简单以生产总值增长率论英雄，必须实现创新成为第一动力、协调成为内生特点、绿色成为普遍形态、开放成为必由之路、共享成为根本目的的高质量发展，推动经济发展质量变革、效率变革、动力变革。

（二）构建新发展格局

习近平总书记在广东考察时指出："使粤港澳大湾区成为新发展格局的战略支点、高质量发展的示范地、中国式现代化的引领地。"②这是以习近平同志为核心的党中央着眼新时代推进中国式现代化大局赋予粤港澳大湾区发展的新定位。战略支点是支撑全局性、高层次战略规划实施的关键点。构建新发展格局是在经济新常态背景下，在对中国经济客观发展规律及演变历程深刻把握的基础上，高度结合现阶段国内外错综复杂的环境所制定的重要战略，是筹划以更深层次的改革、更高水平的开放，加快形成国内外良性循环，积极应对世界百年未有之大变局和当前国内外经济形

---

① 《从要素驱动转向创新驱动》，《福建日报》2022年3月6日。
② 《坚定不移全面深化改革扩大高水平对外开放　在推进中国式现代化建设中走在前列》，《人民日报》2023年4月14日。

势变化的战略性抉择。广东作为中国的经济大省和制造业强省,应该以更高的政治站位、更长远的战略眼光、更开阔的国际视野来谋划布局未来的经济发展。

新发展格局契合粤港澳大湾区经济发展的变化规律。近年来中国面临的外部环境急剧变化,海外市场不确定性因素增多,持续多年的外向型经济模式很难再实现稳定增长。过度依赖国际市场的出口导向战略,在长期运行过程中会产生一定的弊端。以外向型经济为主导的广东经济,自改革开放以来就已经形成了相对固化的发展模式,当下正处于发展瓶颈状态,新发展格局将为广东经济实现高质量和跨越式发展带来新机遇。一是依托新发展格局产生的利好效应,适时调整粤港澳大湾区经济发展模式,使其符合经济发展规律。粤港澳大湾区经济发展面临的形势复杂多变,应该契合新发展格局进行适切性的结构调整,紧紧抓住新一轮的发展大机遇,迈上一个新台阶,从而实现经济再次腾飞。二是粤港澳大湾区建设的稳步推进,为广东经济实现国内国际双循环创造了得天独厚的条件,使广东实现了与港澳地理空间上的紧密连接、制度层面上的高度对接,形成了一种区域新型的深度缔结联盟关系。这必将有助于充分促进区域资源要素的自由流动配置,推动更多共创共建共享共赢平台的建设,从而加快区域经济市场一体化进程,为进一步推动广东参与国际经济合作打下坚实基础。港珠澳大桥的生动实践,也是广东纵深推进粤港澳大湾区建设的生动缩影。近年来,港珠澳大桥、南沙大桥先后开通,广深港高铁恢复通车、深港公交地铁扫码互通……广东坚持软硬联通一起抓,加快建设"数字湾区""轨道上的大湾区",进一步打通跨江跨海和跨省大通道,充分发挥大湾区联结内外循环的优势,不断打开发展新天地。

新发展格局将为广东制造业输出创造大市场。作为全球最大的发展中国家,中国应发挥超大规模市场优势,从过去依赖外需被动适应经济全球化竞争，逐步转向依靠内需主动创造全球化发展机遇。改革开放至今，虽然广东实行多元化发展模式并取得了一定成效，但主要还是以出口导向型经济发展模式为主。从需求供给角度分析，由于现阶段国外不利于对外输出的因素及压力日益剧增，尤其是新冠肺炎疫情肆虐导致国际市场消费需求相对疲软，国内需要尽最大可能盘活巨大的内需市场，加大国内消费力度，从而形成庞大的消费需求。构建新发展格局正是通过满足国内消费需求实现刺激供应方向调整的重要举措。广东是制造业大省，大量生产制造型企业集聚于此并形成了极具规模的产业集群，生产制造产业链日益完善，其巨大产能需要寻找更多消化及输出渠道。广东规模庞大的企业群是最活跃的市场主体，只有通过不断生产运作才能存活下去，产能需要通过消费转化才能实现创造更大经济效益的目的。构建新发展格局会形成巨大的消费需求，激活广东制造业的内生活力，并形成积极的拉动作用，使省内生产资源要素得到合理调整配置，而大量闲置或富余的资源要素将得到更充分流动，从而提高生产资源要素的利用率及效益，最终形成相对良性和稳定的供需平衡状态。

新发展格局是粤港澳大湾区成为战略支点的重要动力。新发展格局背景下，需求结构的升级和供给能力的提升，将推动总供给与总需求实现更高水平、更高层次的动态平衡，为广东经济高质量发展带来新机遇和注入新动力。一是广东经济高质量发展要以创新创造为强劲驱动力，重新塑造广东制造业的核心竞争优势。以大量投入、消耗资源为代价驱动经济增长的粗放型发展模式显然不再适应粤港澳大湾区经济发展的内在要求。广东的制造业作为国内制造业的排头兵，正处于提升质量的关键期，尤其是重要产业和关键领域，要致力于提高自主创新能力。通过掌握关键核心技术，尽快摆脱受制于人和"卡脖子"的发展困境，同时为抢占先进制造业高地、发展高新前沿技术筑牢根基。二是广东作为制造业大省，具备相对完善且多层次的全行业生产链,素有"全球制造基地"之称,其产能不仅是中国产品外贸出口的强劲支撑,更是满足内需市场供应的重要保障。随着中国经济社会的发展,人民的消费需求已经从主要对量化规模的追求迅速转变为对提升质量的要求,人民对美好生活的需求要求中国制造业必须实现高质量发展。这意味着低端粗制滥造、含金量不高、功能不完善的产品需求将日渐萎缩,也必然倒逼广东制造业从更高标准、更多元化的创新创造角度去考虑如何提高产品价值量,从而提升产品核心竞争优势,以满足日益增大的中高端消费市场需求。要充分发挥"敢闯敢试,敢为人先"的精神,发挥重大改革牵一发而动全身的传导放大效应和撬动功能。率先破除体制机制障碍,高效推进粤港澳协同合作。大力深化投融资体制改革,健全多元化市场化投融资机制,拓展有效投资空间,适度超前部署新型基础设施建设,加快现代化交通基础设施、现代流通体系建设,构建联通内外的贸易、投资、生产、服务网络。积极推进高水平对外开放,深度参与全球产业分工和合作,深化与"一带一路"参与国家和地区的务实合作,继续深耕欧美等发达国家市场。继续扩大商品和要素流动型开放,提升对外整合产业链供应链能力,以国内大循环牵引国内国际在市场、资源、产业等方面实现良性循环,并以国际大循环拓展和补给国内循环,为畅通国内大循环提供有效助力。发挥港澳和横琴、前海、南沙等重大合作平台先行先试作用,对标高标准经贸协议的规则、规制、管理、标准积极探索,提升参与国际循环的质量和水平。

(三)实现高质量发展

粤港澳大湾区作为国家重大发展战略,肩负的是时代重任、国家使命,只有高质量发展,才能实现国家一系列战略意图。高质量发展是全面建设社会主义现代化国家的首要任务,粤港澳大湾区经济实力雄厚、创新资源丰富、市场经济发达,是我国开放程度最高、经济活力最强的区域之一,在高质量发展方面优势明显。当前,从国际方面看,新一轮科技革命和产业变革深入发展;从国内方面看,我国经济由高速增长阶段转向高质量发展阶段,国际国内环境都有利于大湾区实现高质量发展。作为国家重大战略,粤港澳大湾区有条件、有能力承担起自己新的使命任务,在推动高质量发展方面走在前列、做好示范。

高质量发展蕴含了习近平经济思想的世界观与方法论。这是辩证唯物主义和历史唯物主义在中国特色社会主义新时代的创新发展,充分彰显了高质量发展所蕴含的科学世界观和方法论。[①]高质量发展是体现人民至上的发展。从发展目的看,高质量发展不是为了满足少部分人的利益,而是为了满足最广大人民的需求,应该把发展的立足点放在人民日益增长的美好生活需要上。从发展力量看,人民是历史的创造者,是推动历史发展的决定力量,要调动人民的主动性、积极性,才能汇聚起强大合力,才能实现高质量发展。高质量发展是体现自信自立的发展。转向高质量发展阶段后,必须坚定历史自信、增强历史主动,从基本国情出发推动高质量发展。高质量发展是体现守正创新的发展。牢牢把握四项基本原则是高质量发展的内在要求,在推动发展的过程中不断创新更是高质量发展的追求,守正与创新并重才能推动高质量发展。高质量发展是体现问题导向的发展。随着中国特色社会主义进入新时代,我国社会主要矛盾发生转变,发展的矛盾主要集中在发展质量上,推动高质量发展必须解决发展过程中出现的不平衡不充分问题,推动经济实现质的有效提升和量的合理增长。

粤港澳大湾区是我国开放程度最高、经济活力最强的区域之一,在国家发展大局中具有重要战略地位。《粤港澳大湾区发展规划纲要》提出的

---

① 《深刻把握习近平新时代中国特色社会主义思想的世界观和方法论》,《中国社会科学报》2023年4月17日。

战略定位是：充满活力的世界级城市群，具有全球影响力的国际科技创新中心，"一带一路"建设的重要支撑，内地与港澳深度合作示范区，宜居宜业宜游的优质生活圈。发展目标分为两步：到2022年，国际一流湾区和世界级城市群框架基本形成；到2035年，大湾区形成以创新为主要支撑的经济体系和发展模式，国际一流湾区全面建成。从政治层面看，粤港澳大湾区建设不断丰富"一国两制"实践内涵，密切内地与港澳交流合作，保持港澳长期繁荣稳定。粤港澳大湾区不仅是区域经济发展战略，更是国家重大政治战略。广东省第十三次党代会报告提出，坚持中央要求、湾区所向、港澳所需、广东所能，咬定青山举全省之力做好这篇大文章，全力服务"一国两制"大局、改革开放和社会主义现代化建设全局。推进高质量发展是完成重大任务的主要途径，因此，只有推进高质量发展才能肩负起这一使命。

珠江三角洲是粤港澳大湾区的主要区域和主陆地，珠江三角洲是通过对外开放、承接产业、加工贸易逐步发展起来的，曾被称为"世界工厂"，珠江三角洲是全国人口最密集、产业最集中的区域之一。粤港澳大湾区的发展目标是国际一流湾区，只有高质量发展，才能实现科技湾区、创新湾区，最终打造国际一流湾区。

▼二 构建高水平社会主义市场经济体制

（一）市场主体蓬勃增长

微观主体有活力，各类市场主体竞相发展。企业是经济的基本细胞，企业兴则经济兴。党的十九大报告中指出，要加快完善社会主义市场经济体制，就要支持民营企业发展，激发各类市场主体活力。[①]党的二十大报告提出，通过坚持和完善社会主义基本经济制度、坚持"两个毫不动摇"，深化国资国企改革，促进民营经济发展壮大。充满活力的市场主体是实现高质量发展的根基。[②]截至2022年底，广东全省实有各类市场主体1633.88万户，其中各类企业719.78万户，占比44.05%；个体工商户908.66万户，占比55.61%；农民专业合作社5.43万户，占比0.33%。[③]（见图4-1）。广东全省市场主体数、企业数、外商投资企业数连续多年稳居全国第一。建设现代化经济体系要发挥民营企业生力军的作用。[④]民营经济是粤港澳大湾区经济发展的最显著特色。截至2022年底，全省实有民营企业（含个体工商户）1295.30万家，居全国首位，为粤港澳大湾区经济发展稳中提质夯实了微观基础。广东民营经济不仅数量大而且质量较高。2022年，全省有447家企业入选国家第四批专精特新"小巨人"，培育省级专精特新中小企业8996家（不含深圳），19家企业入围福布斯中国2022年新晋独角兽榜单，占全国新增独角兽企业的1/4强。[⑤]

（二）供给侧结构性改革

以供给侧结构性改革为主线。党的二十大报告指出，把实施扩大内需战略同深化供给侧结构性改革有机结合起来，构建高水平社会主义市场经济

---

① 《决胜全面建成小康社会 夺取新时代中国特色社会主义伟大胜利——在中国共产党第十九次全国代表大会上的报告》，《人民日报》2017年10月28日。

② 任保平：《新时代中国经济从高速增长转向高质量发展：理论阐释与实践取向》，《学术月刊》2018年第3期。

③ 《［图表分析］2022年全省市场主体相关数据》，广东省市场监督管理局网站2023年3月10日。

④ 周文、李思思：《高质量发展的政治经济学阐释》，《政治经济学评论》2019年第4期。

⑤ 《民营经济｜民营经济概况》，广东省情网2024年6月12日。

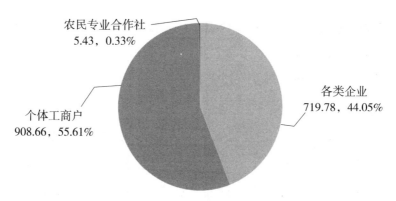

农民专业合作社
5.43，0.33%

各类企业
719.78，44.05%

个体工商户
908.66，55.61%

■各类企业 ■个体工商户 ■农民专业合作社（单位：万户）

图4-1 2022年12月末全省实有各类市场主体数量及占比

体制。高质量发展就是坚持以供给侧结构性改革为主线的发展。①习近平总书记指出，"供给侧结构性改革，重点是解放和发展社会生产力，用改革的办法推进结构调整，减少无效和低端供给，扩大有效和中高端供给，增强供给结构对需求结构的适应性和灵活性，提高全要素生产率"。②党的十八大以来，广东的技术创新与制度创新供给能力日益加强。广东发挥自身优势，优化调整产业布局，不断提升经济运行效率和增长质量。截至2021年末，广东拥有的各类高新技术研究中心如下页表所示。高新技术企业数从2012年的6699家增加至2021年的超6万家；高新技术产品产值从2012年的4万亿元增长至2021年的8.7万亿元。③2021年，列入全国规模以上工业统计目录的595种工业产品中，广东生产涉及的产品有503种，产品覆盖率为84.5%。④构建新时代现代化经济体制，要实施一系列战略布局、政

---

① 高培勇：《理解、把握和推动经济高质量发展》，《经济学动态》2019年第8期。

② 《习近平在省部级主要领导干部学习贯彻党的十八届五中全会精神专题研讨班上的讲话》，《人民日报》2016年5月10日。

③ 《转型升级铸就崭新时代 守正创新谱写绚丽华章——党的十八大以来广东经济社会发展成就》，广东统计信息网2022年9月20日。

④ 《经济总量上新台阶 质量效益持续改善——党的十八大以来广东工业发展成就》，广东统计信息网2022年9月23日。

策举措和制度创新。①截至2022年8月，广东自贸试验区已累计在全省复制推广了203项改革创新经验，发布了245个制度创新案例。根据中山大学发布的《2022—2023年度中国自由贸易试验区制度创新指数报告》，广东自贸试验区制度创新能力连续多年领先全国。②广东全面提高产品和服务质量，更好满足不断升级的消费需求。"十三五"期间，广东2家制造业企业获得中国质量奖，10家企业获得中国质量奖提名奖。新研制73项计量标准装置和88种标准物质，获批筹建的国家级和省级产业计量测试中心达25个，总数居全国首位，逐步从"标准生产"向"生产标准"转变。

以供给侧结构性改革为主线，广东瞄准全球未来产业发展的最新趋势谋篇布局，不断为高质量发展增添新动能，新兴和中高端工业品供给能力不断增强。广东省统计局数据显示，全省工业机器人产量从2018年的3.21万套增长到2021年的12.44万套；集成电路产量从2017年的262.88亿块增长到2021年的539.39亿块。重大创新平台建设加速推进。大湾区国家技术创新中心、国家新型显示技术创新中心、国家第三代半导体技术创新中心、国家5G中高频器件创新中心获批建设，省重点领域研发计划和基础研究重大项目取得突破性进展。③

表4-1　2021年广东高新技术研究中心数及增加值

单位：家

高新技术研究中心	2021年	较2012年增长值
国家重点实验室	30	22
国家工程技术研究中心	23	1
省级工程技术研究中心	6714	6098
国家认定企业技术中心	82	12
省级企业技术中心	1434	843

---

① 刘伟：《新时代中国经济发展的逻辑》，《中国社会科学》2018年第9期。

② 《2022—2023年度中国自由贸易试验区制度创新指数报告》，中山大学自贸区综合研究院网2023年7月20日。

③ 《广东以深化供给侧结构性改革激发经济内生动力》，《南方日报》2022年5月12日。

（三）把握扩大内需战略基点

着力扩大内需，增强消费的关键作用。党的十八大报告强调"使经济发展更多依靠内需特别是消费需求拉动"，党的二十大报告强调"着力扩大内需，增强消费对经济发展的基础性作用和投资对优化供给结构的关键作用"。2012年以来，广东牢牢把握扩大内需战略基点，积极促进内外贸优势相互转化，加速推进国际化消费中心城市建设，努力打通制约经济循环的关键堵点，最终消费在地区生产总值中的比重稳定在五成左右。广东社会消费品零售总额从2012年的21954.29亿元增加到2021年的44187.71亿元，至2021年连续38年稳居全国首位。从总量看，在2015年和2019年，广东社会消费品零售总额顺利突破3万亿元和4万亿元"大关"。从增速看，2013—2021年社会消费品零售总额年均增长8.1%，除2020年出现负增长以外，其他年份增速稳定在8.0%至12.0%之间。2021年，随着新冠肺炎疫情形势好转带动消费较快恢复，社会消费品零售总额同比增长9.9%，达到2016年以来的最高点。①（见表4-2）

表4-2　2012—2021年广东社会消费品零售总额主要指标

年份	社会消费品零售总额（亿元）	城镇（亿元）	乡村（亿元）	同比增长（%）	城镇（%）	乡村（%）
2012	21954.29	19479.27	2475.02	11.5	13.2	-0.7
2013	24589.96	21917.34	2672.62	12.0	12.5	8.0
2014	27436.68	24486.93	2949.75	11.6	11.7	10.4
2015	30326.76	27089.25	3237.50	10.5	10.6	9.8
2016	33303.21	29759.18	3544.02	9.80	9.9	9.5
2017	36598.59	32708.58	3890.01	9.90	9.9	9.8
2018	39767.12	35543.82	4223.30	8.70	8.7	8.6

---

① 《转型升级铸就崭新时代　守正创新谱写绚丽华章——党的十八大以来广东经济社会发展成就》，广东统计信息网2022年9月20日。

（续表）

年份	社会消费品零售总额（亿元）	城镇（亿元）	乡村（亿元）	同比增长（%）	城镇（%）	乡村（%）
2019	42951.75	38314.75	4637.00	8.0	7.8	9.8
2020	40207.85	35904.43	4303.42	-6.4	-6.3	-7.2
2021	44187.71	38923.93	5263.78	9.9	8.4	22.3

三 建设现代化产业体系

现代化产业体系是粤港澳大湾区成为新发展格局战略支点的基础支撑。经济循环畅通需要各产业有序链接、高效畅通、安全稳定，不断提升现代化产业体系的安全性、完整性、协同性、引领性与竞争力，培育参与产业国际合作和竞争新优势。高度重视完善、整合区域内的产业链供应链，把港澳现代金融、专业服务等优势与广东制造业、庞大市场等优势结合起来，着力打通研发设计、生产制造、集成服务等产业链，补齐加快构建新发展格局的短板。

（一）加快发展先进制造业

先进制造业是现代产业体系的支柱，稳住了粤港澳大湾区现代产业体系的基本盘。粤港澳大湾区先进制造业具有规模体量大、配套体系全、发展空间广等优势。中共广东省委十三届二次全会提出，要突出制造业当家，在新的高度挺起广东现代化建设的产业"脊梁"。广东从改革开放之初"三来一补"起步，到建设成为举世瞩目的"世界工厂"，经济实力全国领先，创新水平稳居前列，充分证明大力发展制造业不仅有助于稳增长，更是推动高质量发展的有力抓手。从工业2.0到工业4.0，从走过"三来一补"的"岭南衣、粤家电",到如今5G、无人机、新能源汽车等领域并跑乃至领跑世界,广东制造业不断在全球阵列中加速攀升。2021年的广东,全部工业增加值突破4.5万亿元,位居全国第一,约占全国的八分之一;国家制造业创新中心数、5G基站数、国家级工业互联网跨行业跨领域平台数、入选国家级绿色制造名单数等多项指标位居全国第一;智能家电集群全球规模最大、家电制造基地品类最齐全,汽车集群实现汽车产量超330万辆,连续五年位居全国第一。①

珠江三角洲制造业创新发展生态体系不断完善,制造业核心竞争力不断增强。珠江三角洲经济总量约占广东80%,是全国最具经济活力的区域之一。作为全球重要制造业基地,素有"世界工厂"之称的珠江三角洲正突破传统路径依赖,以新产业为引领,加速构建新阶段现代产业体系。例如,广州市投资350亿元建设了国内首条主攻生产高端IT产品及专业显示的液晶面板高世代产线,预计年产值近300亿元。②深圳市则以"20+8"战略性新兴产业集群和未来产业为重点,打造一批"灯塔工厂",推动制造业数改智转、价值攀高、升级基本盘。③珠江三角洲地区以大科学装置为抓手,打造创新发展新平台,聚集高端科技人才和资源,提升原始创新能力。例如,东莞市建成了中国散裂中子源,是我国首台、世界第四台脉冲型散裂中子源,广泛应用于化学、磁学、超导、结晶材料、医学、结构生物学等多个领域。④惠州市则在建强流重离子加速器装置和加速器驱动嬗

---

① 《由"起家"到"当家" 广东制造业加速跃升》,《南方日报》2022年12月12日。

② 《新路径、新平台、新体系——珠江三角洲破除路径依赖打造发展新引擎》,新华网2023年1月20日。

③ 《珠江三角洲9市两会陆续闭幕,"制造业当家"路线图明确》,《南方日报》2023年2月20日。

④ 《新路径、新平台、新体系——珠江三角洲破除路径依赖打造发展新引擎》,新华网2023年1月20日。

变研究装置，为核能利用和核废料处理提供新途径。[①]珠江三角洲地区以制造业当家为主线，实施产业平台提效、项目培育引进、产业发展环境优化等措施，构建现代化产业体系。例如，广东省汽车产业已形成以广州、深圳为龙头，珠海、佛山、肇庆等珠江三角洲城市为重点区域布局，以广汽集团、东风日产和比亚迪等企业为龙头，日系、欧美系和自主品牌多元化发展的产业格局。佛山市则全力打造制造业数字化转型示范城市，将新增数字化智能化示范工厂、车间80家，力争规模以上工业企业数字化转型比例达55%。[②]

国家新型工业化产业示范基地发展水平不断提升，制造业布局不断优化。坚持发展实体经济，加快推进制造强省、质量强省。2023年4月，习近平总书记视察广东时强调，中国式现代化不能走脱实向虚的路子，必须加快建设以实体经济为支撑的现代化产业体系。作为广州实体经济主战场、科技创新主引擎，广州开发区、黄埔区以科技赋能实体经济，正大力实施"黄埔万亿制造计划"，聚焦"四化"平台赋能企业提质增效。截至2023年，目前广州开发区已集聚区认定工业互联网服务商63家，超60%服务商纳入广东省制造业数字化转型供给资源池，引进培育博依特、阿里云、中船海智云、联通沃制造云、中设智控CPC2025等20家工业互联网平台。通过融合区内平台技术与服务能力，广州开发区成功入选"国家新型工业化产业示范基地工业互联网平台赋能数字化转型提升试点项目"。传统产业正面临着转型升级的压力，工业互联网平台作为推动产业升级的关键载体要在新型工业化中发挥着引擎作用，通过打通工业体系和产业链价值，实现数据这一新型生产要素的采集、分析和应用，将为企业带来更多价值增

---

① 《珠江三角洲与粤东西北由区域共建到携手升级》，人民网2022年12月27日。
② 《珠江三角洲9市两会陆续闭幕，"制造业当家"路线图明确》，《南方日报》2023年2月20日。

长点，加速制造企业转型升级。广州开发区通过新信息技术赋能传统产业以实现产业的智能化升级，科技创新能力稳居200多家国家级经济技术开发区第一名，研发投入强度超过6%，成为国家开发区数字经济建设的排头兵。

党的十八大以来，广东规模以上工业增加值从2012年的22720.81亿元增加至2021年的37306.53亿元，年均增长6.6%。[①]（见表4-3）。

表4-3 2012—2021年广东规模以上工业主要指标和增速

年份	规模以上工业增加值		轻工业		重工业	
	总量（亿元）	比上年增长（%）	总量（亿元）	比上年增长（%）	总量（亿元）	比上年增长（%）
2012	22720.81	8.4	8924.66	9.2	13796.15	7.9
2013	26540.01	8.7	10336.98	7.7	16203.03	9.3
2014	28188.69	8.4	10853.38	7.4	17335.31	9.1
2015	29446.21	7.2	11387.5	4.6	18058.71	8.8
2016	31330.24	6.7	11916.13	3.3	19414.11	8.7
2017	31349.47	7.2	11305.75	6.1	20043.72	7.8
2018	31557.09	6.3	10989.65	4.6	20567.44	7.2
2019	32493.98	4.7	11077.67	2.4	21416.31	5.9
2020	32500.17	1.5	10872.65	0.5	21627.52	1.9
2021	37306.53	9.0	12472.98	9.5	24833.56	8.8

制造业结构加快调整。科技创新是高质量发展的主要动力。新科技革命为中国经济发展的动力变革提供新的机遇。[②]大力发展战略性新兴产业、信息数字产业、高新技术产业、先进制造业，增加高质量产业部门的供给，逐步向现代化产业体系迭代。十八大以来，广东抓住新一轮科技革命和产业变革机遇，积极推进工业从规模向质量转变，先进制造业增加值始终保持增长，引领广东工业向高端化演进。（见图4-2）科技自立自强

---

① 《转型升级铸就崭新时代 守正创新谱写绚丽华章——党的十八大以来广东经济社会发展成就》，广东统计信息网2022年9月20日。

② 赵剑波、史丹、邓洲：《高质量发展的内涵研究》，《经济与管理研究》2019年第11期。

的创新活力，正在广东持续迸发。最新数据显示，到2022年底广东规模以上工业企业达6.7万家，高新技术企业达6.9万家。

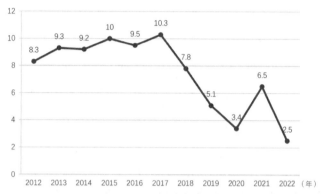

图4-2　先进制造业增加值增长速度（%）
（图片来源：广东省统计局网站）

党的十八大以来，广东主动适应经济新常态，认真贯彻落实高技术产业发展各项决策部署，积极推进《中国制造2025》，认真落实《广东省智能制造发展规划（2015—2025年）》《广东省制造业高质量发展"十四五"规划》，大力推进医药、电子及通信设备制造业发展，高技术制造业规模不断壮大，高技术制造业增加值始终保持增长。（见图4-3）

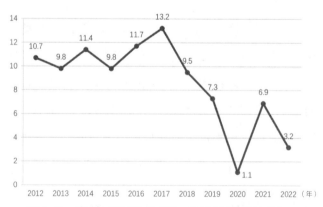

图4-3　高技术制造业增加值增长速度（%）
（图片来源：广东省统计局网站）

（二）培育壮大战略性新兴产业

战略性新兴产业是现代产业体系的先导，代表了粤港澳大湾区现代产业体系的未来。粤港澳大湾区创新基础好，港澳广深等中心城市科研资源密集，拥有包括国家自主创新示范区、国家级高新区等在内的一大批高端创新要素集聚平台。加快发展粤港澳大湾区战略性新兴产业，关键是充分整合大湾区现有各类优势创新资源，加大协作力度，联合打造一批产业链条完善、辐射带动力强、具有国际竞争力的战略性新兴产业集群，推动新一代信息技术、生物技术、高端装备制造、新材料等发展壮大为新支柱产业，增强经济发展新动能。

粤港澳大湾区已积累在战略性新兴产业领域的独特优势。与2016—2020年五年间500家优势创新机构相比：新一代信息技术、人工智能、智能制造装备产业等战略性新兴产业领域优势逐步显现；信息技术行业创新能力不断加强，规模不断扩大；门类齐全、规模庞大的制造业体系已逐步形成。

表4-4　粤港澳大湾区优势创新机构行业分布情况

行业分类	数量/个	占比
计算机、通信和其他电子设备制造业	99	19.8%
科学研究和技术服务业	70	14.0%
高校和科研院所	65	13.0%
信息传输、软件和信息技术服务业	57	11.4%
电气机械和器材制造业	45	9.0%
电力、热力生产和供应业	37	7.4%
通用设备制造业	20	4.0%
专用设备制造业	18	3.6%
批发和零售业	17	3.4%
商务服务业	11	2.2%
汽车制造业	10	2.0%
卫生和社会工作	8	1.6%
金融业	7	1.4%

（续表）

行业分类	数量/个	占比
金属制品业	7	1.4%
建筑业	6	1.2%
医药制造业	5	1.0%
铁路、船舶、航空航天和其他运输设备制造业	3	0.6%
化学原料和化学制品制造业	3	0.6%
橡胶和塑料制品业	3	0.6%
仪器仪表制造业	2	0.4%
文化、体育和娱乐业	2	0.4%
非金属矿物制品业	1	0.2%
烟草制品业	1	0.2%
食品制造业	1	0.2%
纺织业	1	0.2%
家具制造业	1	0.2%
总计	500	100%

电子信息相关领域的创新要素在珠江东岸的集聚效应较为明显，大湾区99家计算机、通信和其他电子设备制造业的优势创新机构中，75家（占比75.76%）位于珠江东岸。

表4-5　各地区不同行业优势创新机构数占大湾区总机构数比例

行业分类	珠江东岸	珠江西岸	港澳地区
计算机、通信和其他电子设备制造业	75.76%	22.22%	2.02%
科学研究和技术服务业	51.43%	42.86%	5.71%
高校和科研院所	30.77%	61.54%	7.69%
信息传输、软件和信息技术服务业	76.92%	23.08%	
电气机械和器材制造业	22.22%	75.56%	2.22%
电力、热力生产和供应业	29.73%	70.27%	
通用设备制造业	45.00%	55.00%	
专用设备制造业	61.11%	38.89%	
批发和零售业	88.24%	11.76%	
商务服务业	50.00%	37.50%	12.50%

（续表）

行业分类	珠江东岸	珠江西岸	港澳地区
汽车制造业	10.00%	60.00%	30.00%
卫生和社会工作	37.75%	62.50%	
金融业	85.71%		14.29%
金属制品业	42.86%	57.14%	
建筑业		100.00%	
医药制造业	80.00%	20.00%	
铁路、船舶、航空航天和其他运输设备制造业		100.00%	
化学原料和化学制品制造业	66.67%	33.33%	
橡胶和塑料制品业	33.33%	66.67%	
仪器仪表制造业	100.00%		
文化、体育和娱乐业		100.00%	
非金属矿物制品业	100.00%		
烟草制品业		100.00%	
食品制造业		100.00%	
纺织业		100.00%	
家具制造业	100.00%		

建设粤港澳大湾区是中国国家战略，旨在打造国际一流湾区和世界级城市群，培育壮大战略性新兴产业是其重要目标之一。截至2023年，粤港澳大湾区在战略性新兴产业领域有以下几个方面的成就：在生物技术、高端装备制造、新材料等产业方面，粤港澳大湾区取得了重要进展，打造了生物医药产业聚集区、高端装备制造产业集群、新材料产业基地等高新产业集群。粤港澳大湾区拥有一批在全球具有重要影响力的生物医药企业和创新平台，如华大基因、信达生物、百济神州等。2020年，粤港澳大湾区生物医药产业规模达到5000亿元，占全国的15%左右。粤港澳大湾区拥有一批国内外知名的集成电路设计企业和研发机构，形成了以深圳为核心的珠江东岸电子信息产业带，以及以广州为核心的珠江西岸高端装备制造

带。粤港澳大湾区是中国新能源汽车和新材料产业的重要基地，拥有比亚迪、广汽、宝能等一批领先的新能源汽车企业，以及中科院金属所、中科院化学所等一批高水平的新材料研究机构。2020年，粤港澳大湾区新能源汽车产量达到100万辆，占全国的25%左右。

发明专利是衡量一个国家或地区创新能力的重要指标。粤港澳大湾区创新态势持续向好，发明专利公开量年均增长位列四大湾区之首。数据显示，2017—2021年粤港澳大湾区发明专利公开总量176.90万件，年复合增长率达14.46%，位列四大湾区首位，创新态势强劲。2021年粤港澳大湾区发明专利公开量增长21.74%，达44.96万件，为东京湾区的3.11倍、旧金山湾区的7.07倍、纽约湾区的9.66倍。（见图4-4）

2017—2021年，珠江东岸发明专利公开量103.83万件，珠江西岸67.80万件，港澳地区5.27万件。广州、深圳、珠海和东莞四地近五年发明专利公开量稳定增长。（见图4-5）

（三）加快发展现代服务业

现代服务业是现代产业体系的重要支撑，体现了粤港澳大湾区现代产业体系的深厚土壤。粤港澳大湾区现代服务业发达，特别是以香港证券交易所、深圳证券交易所、广州期货交易所等现代金融服务平台为依托的多层次资本市场长期居于领先地位。加快发展粤港澳大湾区现代服务业，核心就是高度重视发展金融产业，依托香港、澳门、深圳、广州等共同建设国际金融枢纽，大力发展特色金融产业，有序推进金融市场互联互通；与此同时，积极推动生产性服务业和制造业深度融合发展，推动生活性服务业和人民群众美好生活需求深度融合发展。

建设国际金融枢纽。全球化的时代，人流、物流、资金流、信息流等资源在全球范围内高速流动。而世界级的湾区城市群通过集聚各类优质

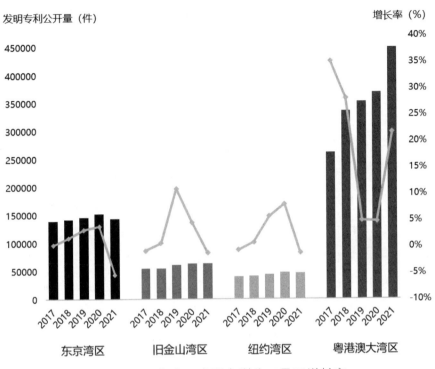

图4-4 四大湾区发明专利公开量及增长率

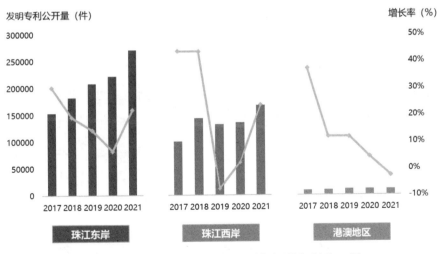

图4-5 粤港澳大湾区不同区域发明专利公开量

资源要素，占据着全球价值链和资源配置的制高点，影响着全球经济地理的格局。《粤港澳大湾区发展规划纲要》和《广东省国民经济和社会发展第十四个五年规划和2035年远景目标纲要》均明确提出，粤港澳大湾区要把握机遇、整合优势、强化联动，逐步成长为具有全球影响力的国际金融枢纽。这是对粤港澳大湾区在构建新发展格局中的战略性定位。粤港澳大湾区经济发展程度高，上下游供应链完备，产业生态系统完善，区位条件优越，地理优势明显，具有建成国际金融枢纽的基础和条件。《粤港澳大湾区发展规划纲要》发布以来，大湾区的金融枢纽构建已初步成型。[①]香港打造大湾区绿色金融中心，建设国际认可的绿色债券认证机构。广州建设区域性私募股权交易市场，建设产权、大宗商品区域交易中心，建设绿色金融改革创新试验区，设立创新型期货交易所。澳门发展融资租赁和财富管理等特色金融业务，建立以人民币计价结算的证券市场、绿色金融平台、中葡金融服务平台。深圳建设保险创新发展试验区，推进深港金融市场互联互通和深澳特色金融的合作，开展科技金融试点，加强金融科技载体建设。珠海则发挥自身优势，发展特色金融服务业，探索建设澳门—珠海跨境金融合作示范区。

大力发展特色金融产业。粤港澳大湾区现代服务业发达，特别是以香港证券交易所、深圳证券交易所、广州期货交易所等现代金融服务平台为依托的多层次资本市场长期居于领先地位。粤港澳大湾区建立了联通港澳、接轨国际的现代服务业发展体制机制，开展了标准化试点示范，推动了现代服务业与制造业的融合发展，培育了"互联网+"、人工智能等服务业新技术新业态新模式。粤港澳大湾区打造了具有国际竞争力的营商环境，提升了市场一体化水平，携手扩大对外开放，为现代服务业提供

---

① 《评论 | 大湾区建设国际金融枢纽，有利于区域经济协调发展》，《21世纪经济报道》2022年2月19日。

了广阔的发展空间和机遇。大湾区积极推进绿色金融标准融合对接，支持香港打造大湾区绿色金融中心，建设国际认可的绿色债券认证机构。支持广州建设绿色金融改革创新试验区，研究设立以碳排放为首个品种的创新型期货交易所。支持澳门发展租赁等特色金融业务，探索与邻近地区错位发展，研究在澳门建立以人民币计价结算的证券市场、绿色金融平台、中葡金融服务平台。[①]2021年粤港澳大湾区内跨境人民币结算规模达3.8万亿元，人民币成为大湾区内第一大跨境结算币种。[②]为我国企业"走出去"开展投资、并购提供投融资服务，助力"一带一路"建设。[③]

从中可以看出，粤港澳大湾区的现代服务业在规模、结构和质量方面都有较好的表现，尤其是深圳、广州和香港等城市，在金融、科技、贸易等领域具有较强的竞争力和影响力。

有序推进金融市场互联互通。金融市场互联互通是指在"一国两制"方针下，充分发挥香港、澳门金融体系的独特优势，创新内地与港澳金融合作的路径和模式，推动金融服务业对港澳开放，加强粤港澳大湾区金融互补、互助和互动关系，促进金融资源高效配置，提升金融服务质量和效能，防范化解金融风险，为大湾区建设提供有力的金融支撑。目前，粤港澳大湾区金融市场互联互通主要包括以下几个方面：股票市场互联互通。沪港通于2014年11月开通，深港通于2016年12月开通，港股通于2017年7月开通。截至2021年3月底，沪港通、深港通累计净买入额分别为1.4万亿元和1.6万亿元，港股通累计净买入额为1.3万亿元。[④]债券市场互联互通。

① 《中国人民银行 银保监会 证监会 外汇局发布关于金融支持粤港澳大湾区建设的意见》，国家外汇管理局门户网2020年5月14日。
② 《金融携手粤港澳 助力大湾区高质量发展》，中国政府网2022年3月8日。
③ 《评论｜大湾区建设国际金融枢纽，有利于区域经济协调发展》，《21世纪经济报道》2022年2月19日。
④ 《粤港澳大湾区发展规划纲要》，新华社2019年2月18日。

债券通于2017年7月开通，目前仅开通了内地债券市场向境外投资者开放的通道，即北向债券通。截至2021年3月底，北向债券通累计净买入额为1.8万亿元。①理财产品市场互联互通。2020年5月，中国人民银行、银保监会、香港金融管理局、澳门金融管理局联合发布《关于开展粤港澳大湾区跨境理财通业务的公告》，正式启动跨境理财通业务。跨境理财通业务是粤港澳大湾区投资者理财业务双向闭环式资金管道，也是两岸金融市场互联互通项下首次涉及第三地——澳门。

构建现代服务业体系。现代服务业是现代产业体系的重要支撑，体现了粤港澳大湾区现代产业体系的深厚土壤。高质量发展要优化经济结构，调整产业政策，要增强服务业的带动作用②。从产业结构看，2013年，广东第三产业增加值占地区生产总值的比重上升到48.5%，超过第二产业成为国民经济第一大产业。2017—2022年，第三产业比重最低为54.0%、最高为56.3%，第二产业比重最低为39.5%、最高为42.1%，三次产业结构比重波动较小，"三二一"的经济产业结构已经形成。③当然，仅以第三产业占比高低来衡量产业结构合理性的做法是值得商榷的，因为难以判断该产业是否以服务实体经济为目的。④

通过更加具体细致的数据，不难发现，广东服务业总量持续扩大，结构不断优化，新产业、新业态、新商业模式蓬勃发展，已成为带动全省经济社会发展的重要支撑。十八大以来，广东港口吞吐能力大幅增强，交通基础设施建设不断改造和完善，公路运营能力持续增强，互联网的大力普

---

① 《粤港澳大湾区发展规划纲要》，新华社2019年2月18日。

② 秦放鸣、唐娟：《经济高质量发展：理论阐释及实现路径》，《西北大学学报》哲学社会科学版2020年第3期。

③ 《转型升级铸就崭新时代 守正创新谱写绚丽华章——党的十八大以来广东经济社会发展成就》，广东统计信息网2022年9月20日。

④ 周文、李思思：《高质量发展的政治经济学阐释》，《政治经济学评论》2019年第4期。

及和网络用户数量大幅增长。（见表4-6）具体而言，信息传输、软件和信息技术服务业企业数、行业资产、营业收入、营业利润、从业人员发展迅速。商务服务业是广东规模以上服务业中最活跃的行业，也是10个行业门类中资产规模最大、营业利润最高、市场主体数量和就业人数最多的行业。科技服务业发展迅速，增长速度在规模以上服务业10个行业门类中仅次于信息服务业，发展潜力巨大。

表4-6 2012年和2021年服务业各项目产量及年均增长率[1]

项目	2012年	2021年	年均增长
港口货物吞吐量（亿吨）	14.08	21.0	4.5%
港口集装箱吞吐量（万标准箱）	4762.99	7078.20	4.5%
公路通车里程（万公里）	19.49	22.30	1.5%
高速公路里程（公里）	5524	11042	8.0%
完成邮电业务总量（亿元）	2172.58	4928.66	9.5%
互联网宽带用户数量（万户）	1900	4278	9.4%
移动互联网用户数量（万户）	9366	15070	5.4%

▼四 增强全球资源配置能力

全球资源配置能力是指粤港澳大湾区在全球范围内进行资源分配和配置的能力。随着全球化的深入发展和经济格局的变化，全球资源的重要性日益突显。在这一背景下，粤港澳大湾区作为中国内地与香港、澳门的合作区域，其全球资源配置能力具有重要的意义。粤港澳大湾区作为全球化进程中的重要节点，具有独特的地理位置和经济优势。拥有世界级的港口、机场和现代化基础设施，粤港澳大湾区成了全球贸易和物流的重要枢

---

[1] 《转型升级铸就崭新时代 守正创新谱写绚丽华章——党的十八大以来广东经济社会发展成就》，广东统计信息网2022年9月20日。

纽之一。"一国两制"政策的实施以及香港、澳门的开放与发展，为粤港澳大湾区提供了更广阔的资源配置空间。

（一）基础设施互联互通

加强基础设施建设，畅通对外联系通道，提升内部联通水平，推动形成布局合理、功能完善、衔接顺畅、运作高效的基础设施网络，为粤港澳大湾区经济社会发展提供有力支撑。"硬联通"拉近了大湾区城市之间的时空距离，"软联通"则打通了三地的制度规则，有效拓展了港澳发展空间。

"硬联通"全面推进——优质生活圈加快形成。近年来，广东积极落实《粤港澳大湾区发展规划纲要》，力推大湾区城市基础设施互联互通，聚焦基础设施的"硬联通"，大湾区铁路运营里程近2500公里，"轨道上的大湾区"加快形成，三地往来更加快捷，大湾区"一小时生活圈"基本形成。粤港澳大湾区以连通内地与港澳以及珠江口东西两岸为重点，构建以高速铁路、城际铁路和高等级公路为主体的城际快速交通网络，努力实现大湾区主要城市间一小时通达。广东完善大湾区铁路骨干网络，加快城际铁路建设，有序规划珠江三角洲主要城市的城市轨道交通。深江铁路起自深圳西丽站，向西经东莞市、广州市、中山市、江门市，正线全长116公里，串联大湾区五座城市，通车后，从江门、中山市区到深圳市区，全程最快只需40分钟，缩短时间一半以上。深江铁路之于中山，更可视为高铁版的深中通道，实现了中山到深圳30分钟通达。如同深中通道一样，深江铁路同样将跨越伶仃洋，将大大缩短珠江口东西两岸的距离。一道道铁路、一条条隧道将大湾区紧密连接，进一步推动粤港澳三地各要素更加安全高效便捷流动，为落实粤港澳大湾区、横琴粤澳深度合作区建设等国家战略部署打下了基础。

"软联通"不断深化——港澳发展空间增加。"硬联通"拉近了大湾区城市的时空距离，"软联通"则打通了三地的制度规则，有效拓展了港澳发展空间。广东加快建设粤港澳重大合作平台，建设横琴粤澳深度合作区，为澳门产业多元发展创造条件，合作区累计注册澳资企业4700多家，近两年增长2倍。前海深港现代服务业合作区（以下简称前海合作区）是支持香港经济社会发展、构建对外开放新格局的重要举措。2021年，前海合作区聚焦与香港现代服务业合作，统筹推进"物理扩区"和"政策扩区"，坚持三分之一以上土地面向港资企业出让，累计注册港资企业1.19万家，2021年前海合作区（扩区后）完成地区生产总值1755.7亿元，同比增长10.5%。广东着力推进"湾区通"工程，促使粤港澳三地规则衔接、机制对接不断深化，开放型经济新体制加快形成。在内地与香港、澳门关于建立更紧密经贸关系的安排（CEPA）框架下对港澳实施更短的负面清单，基本实现与港澳服务贸易自由化，港澳企业在法律、会计、建筑等领域投资营商享受国民待遇。港澳企业商事登记实现"一网通办"，企业开办时间压缩到1个工作日内办结。

建设能源安全保障体系。能源发展与转型升级是粤港澳大湾区打造成为国际一流湾区和世界级城市群的先决条件，也是应对全球气候变化和促进经济社会可持续发展的必经之路。《粤港澳大湾区发展规划纲要》提到"能源"有19次之多，足见国家对粤港澳大湾区能源发展的重视程度之高。近年来，在国家战略驱动和自身努力下，粤港澳大湾区能源发展已在能效提升和产业转型方面初见成效。广东及湾区加快谋划构建新型电力系统。一是新能源替代加速发展。截至2022年底，粤港澳大湾区清洁能源装机持续"扩容"占比达65%，清洁能源消纳水平稳步提升，清洁能源电量占比59%，已建成清洁能源消纳比重最高的世界级湾区电网。新能源已经由小规模补充电源升级为规模化重要电源。二是供给渠道多元化。截至2022年底，粤港澳大湾区内部风、光、水、核、气等清洁能源总发电装机超过6600万千瓦，多种能源协同发展的供给格局全面形成。2022年南方电网全年西电东送电量首次突破2000亿千瓦时，区外电力供应保障能力进一步提升。三是初步建成"源网荷储"协同的大湾区综合能源供应保障体系。大力实施"5G+智能电网"建设，保障源网荷储的智能灵活互动；深圳率先建成以虚拟电厂为核心的"源网荷储"多元互动体系并投入运作；初步建成广州中新知识城20千伏花瓣形配电网、珠海横琴等高可靠性配电网；全面建成投产广东梅州、阳江两座百万千瓦级抽水蓄能电站，开工建设南方电网梅州抽水蓄能电站二期工程。①

（二）高水平对外开放

回顾粤港澳大湾区的经济发展历程，可以发现对外开放在区域发展中的重要性。从改革开放初期的特区经济发展，到粤港澳大湾区的形成，高度开放已成为经济快速发展的重要因素。粤港澳大湾区作为中国对外贸易的重要门户，自贸区的建设和政策优势的发挥，进一步提升了该区域在国际贸易中的地位。贸易体制改革、提高贸易便利化、开展国际合作等方面的努力，使得粤港澳大湾区的对外贸易规模快速增长，贸易伙伴不断增多。

对外贸易持续加强。习近平总书记2023年4月在广东考察时强调，坚定不移全面深化改革扩大高水平对外开放，在推进中国式现代化建设中走在前列。新时代的开放是更全面的开放和更高层次的开放，这是中国经济从高速增长转向高质量增长的关键。②实行对外开放是推动我国经济社会高质量发展的重要动力③。高水平的对外开放和对外贸易的持续加强不仅

---

① 《有序推进新型电力系统建设　筑牢粤港澳大湾区能源安全防线》，中国网2023年4月13日。

② 周文、李思思：《高质量发展的政治经济学阐释》，《政治经济学评论》2019年第4期。

③ 《坚定不移推进高水平对外开放》，《经济日报》2022年11月22日。

仅是区域内经济的发展需要，也是推动粤港澳大湾区一体化进程的重要动力。在加强与周边地区和国家的经济合作的基础上，粤港澳大湾区逐渐形成了一个互联互通、共同发展的经济圈。党的十八大以来，广东顺应经济全球化大势，坚定不移推进高水平对外开放，积极融入世界经济，对外开放取得了一系列突破性进展。党的十八大以来，全省外贸进出口从2016年的6.3万亿元相继迈上7万亿元、8万亿元大台阶，2022年达8.31万亿元，实际利用外资从1300亿元突破到1800亿元，其中，出口总额年均增长3.8%，进口总额年均增长2.4%。①2022年，面对复杂严峻的国内外形势，广东统筹疫情防控和经济社会发展，顶住多重超预期因素的冲击，在2021年高基数的基础上，2022年广东进出口总值实现正增长，再创历史新高，占全国进出口总值的19.8%，规模连续37年稳居全国第一。②广东对外贸易表现出以下特点：（1）规模创新高，质量也稳步提升，一般贸易比重不断提升。（2）民营企业活力强，国有企业快速增长。（3）广东对传统伙伴保持优势，新兴市场开拓有力。（4）高新技术产品进出口大幅增长，带动广东外贸向价值链高端攀升。

广东自贸试验区打造高水平对外开放门户枢纽。广东自贸试验区以制度创新为核心，推动高水平开放和高质量发展取得显著成效，充分发挥了广东自贸试验区作为改革创新"试验田"、高水平开放门户枢纽和粤港澳大湾区重大平台作用，为广东、为全国提供了多项可复制推广的改革创新经验。广州南沙自贸片区持续发挥南沙临港产业优势，支持粤港澳大湾区机场共享国际货运中心，畅通南沙港往返香港、广州、深圳机场的物流，建设以广州南沙为中心、辐射整个泛珠江三角洲地区的"海陆空铁"

---

① 《转型升级铸就崭新时代 守正创新谱写绚丽华章——党的十八大以来广东经济社会发展成就》，广东统计信息网2022年9月20日。
② 《我省外贸规模连续37年全国第一》，《南方日报》2023年1月19日。

立体贸易枢纽。深圳前海自贸片区作为全省唯一的中外联营律师事务所试点，全国14家粤港澳联营律师事务所中，有7家设立在前海。前海法院成为全国适用香港法裁判案件最多的基层法院。珠海横琴自贸片区与横琴粤澳深度合作区叠加发展，2021年外贸进出口额完成314.66亿元，同比增长53.3%。其中出口总额139.8亿元，同比增长52.2%；进口总额174.86亿元，同比增长54.1%。[①]

（三）共同参与"一带一路"建设

推动共建"一带一路"高质量发展。党的十九大强调，推动形成全面开放新格局，要以"一带一路"建设为重点；党的二十大强调，推进高水平对外开放要推动共建"一带一路"高质量发展。建设粤港澳大湾区，既是新时代推动形成全面开放新格局的新尝试，也是推动"一国两制"事业发展的新实践。

打造具有全球竞争力的营商环境。营造现代化国际化营商环境，打造合作共赢"软联通"。作为全球拥有最多自由贸易港、自由贸易区的粤港澳大湾区，有条件打造具有全球竞争力的营商环境，使之成为"一带一路"最有吸引力和最有影响力的区域。粤港澳大湾区可以发挥香港、澳门两个自由贸易港的开放平台与示范作用，再由广州南沙、深圳前海蛇口、珠海横琴三个自由贸易试验区分片区形成可复制可推广的经贸发展模式，再推广到广东珠江三角洲全部城市，由此成为"一带一路"最有吸引力和最有影响力的区域。[②]具体而言，盘活大湾区经济，更利于香港便利地与"一带一路"沿线国家合作，提供融资、金融、财会、担保和仲裁等

---

① 《横琴粤澳深度合作区2021年1—12月经济运行简况》，横琴粤澳深度合作区统计局网站2022年1月29日。

② 《粤港澳大湾区与"一带一路"建设 | 奇谈都市圈》，《经济观察报》2023年3月6日。

专业、高端服务，以及作为全球最大的人民币离岸中心，开发出更多人民币投资产品，进一步助力人民币国际化进程，尤其是推动人民币在"一带一路"沿线国家的国际化，以此巩固和发展香港作为国际金融中心、国际大都会的地位。澳门则主要服务葡萄牙语系国家，打造中国与拉丁美洲国家的经贸平台。站在新时代的起点上，建设粤港澳大湾区既能有效承接深化改革开放的历史经验，也能在改革的基础上"再改革"，在开放的经验上"再开放"，充当改革开放再出发的重要平台。

提升市场一体化水平。要打造具有国际竞争力的一流湾区，粤港澳必须深入实施区域协调发展战略，加快税制、金融、投资等制度改革创新，促进包括数据信息在内的各类资源要素顺畅、安全流动，以制度协同、基础设施联通，加速实现大湾区三地之间贸易投资的自由化、便利化、市场一体化，把粤港澳大湾区的整体发展优势激发出来。在大湾区内，广东、香港、澳门三地紧密合作，共同致力于推动经济发展和市场一体化。通过加强交流合作、优化投资环境、深化金融合作、拓展产业链条等方式，积极参与"一带一路"建设，推动经济融合与发展。首先，粤港澳大湾区注重深化经贸合作，拓展合作领域和合作模式。三地企业可以共同参与"一带一路"沿线国家和地区的投资项目，携手开拓市场，共享发展机遇。同时，通过签署自由贸易协定、推动货币流通和金融服务的互联互通等措施，加强经济合作，促进区域市场一体化。其次，粤港澳大湾区还注重创新合作模式，推动产业链和价值链的深度融合。三地可以充分利用各自的优势，形成协同效应，发展高新技术产业、现代服务业等新兴产业，共同打造具有国际竞争力的产业集群。通过深化合作、共享资源，提升市场一体化水平，并促进经济的可持续发展。

携手扩大对外开放。2013年以来，广东对"一带一路"沿线国家进出口额从1.11万亿元增长至2.04万亿元，2022年，广东省"一带一路"沿线国家和地区进出口总额高达2.25万亿元，同比增长10.3%。①广东各城市积极响应"一带一路"倡议，广州企业累计对外投资设立非金融类企业和机构1793家，中方协议投资额达262亿美元；对"一带一路"沿线国家地区投资，年均增速18%；在全球一半的国家都能找到广州投资设立的企业。据广东多地海关统计，广东出口沿线国家的商品中，机电产品尤其是高新科技产品比重平均约占四成，且增长迅速。黄埔海关关区（主要包括东莞市，广州市黄埔区、增城区）2023年一季度对"一带一路"沿线国家进出口额1088.1亿元，同比增长7.5%，占同期关区进出口总值的29.8%。据湛江海关统计，2022年，湛江海关关区（包括湛江市，茂名市）对沿线国家原油、煤炭进口值较2013年分别增长59%、303.6%；水产品进口值则比十年前增长了110.4倍。2023年一季度，广东从"一带一路"沿线国家进口农产品仍然保持快速增长。据黄埔关区统计，该关区2023年一季度从"一带一路"沿线国家进口农产品82.8亿元，增长41.9%，其中，食用植物油增长了11倍。广东外贸不仅要向价值链高端迈进，也要发挥面向"一带一路"沿线国家的黄金通道优势。

---

① 《转型升级铸就崭新时代　守正创新谱写绚丽华章——党的十八大以来广东经济社会发展成就》，广东统计信息网2022年9月20日。

第五章

粤港澳大湾区国际科技创新
中心建设的新突破

一 新时代粤港澳大湾区科技创新的理论遵循

（一）创新驱动发展战略

改革开放以来，中国经济快速发展，2010年经济总量已经跃居世界第二。但是随着劳动力成本上升、资源环境压力增加，传统增长方式难以为继。我国经济发展进入增速换挡、结构调整、动力转换的关键时期，亟须转变发展方式。习近平总书记强调，科技创新是推动国家发展的重要动力，也是实现国家安全的重要保障。党的十八大提出实施创新驱动发展战略，强调科技创新是提高社会生产力和综合国力的战略支撑，必须摆在国家发展全局的核心位置。党的十九大报告指出，"创新是引领发展的第一动力，是建设现代化经济体系的战略支撑"①，并提出到2035年我国跻身创新型国家前列的目标，在新时代要全面实施创新驱动发展战略，加快建设科技强国。党的二十大报告进一步强调必须坚持科技是第一生产力、人才是第一资源、创新是第一动力，深入实施科教兴国战略、人才强国战略、创新驱动发展战略，开辟发展新领域新赛道，不断塑造发展新动能新优势，并对加快实施创新驱动发展战略作出重要部署，"坚持面向世界科技前沿、面向经济主战场、面向国家重大需求、面向人民生命健康，加快实现高水平科技自立自强"②。在2023年全国两会上习近平总书记再次强调，"要坚持'四个面向'，加快实施创新驱动发展战略"。

创新驱动发展战略是一种新的经济增长方式，是以科学发展观为指

---

① 《决胜全面建成小康社会 夺取新时代中国特色社会主义伟大胜利——在中国共产党第十九次全国代表大会上的报告》，《人民日报》2017年10月28日。
② 《高举中国特色社会主义伟大旗帜 为全面建设社会主义现代化国家而团结奋斗——在中国共产党第二十次全国代表大会上的报告》，《人民日报》2022年10月26日

导，以科技创新为动力，加快产业结构调整和经济发展方式的转变，推动经济社会长期协调可持续发展的总体谋略。创新驱动发展是解决发展动力问题的核心，也是国家发展的重要战略，其内涵主要体现在以下三个方面：第一，创新是引领发展的第一动力。创新是一种持续不断的变革，以"创造性破坏"方式替代过时的事物，改变旧有的思维定式，探索新的可能性，因而能够带来全新的发展机遇和解决问题的方法。创新的本质特征是革故鼎新，即在不断总结历史经验的基础上，对旧有事物进行再造和改造，同时开创全新的事物，推进事物的发展。通过创新，我们能够更好地认识世界、改造世界，实现经济社会的可持续发展。创新的重要性在于它能够决定发展的速度、效能和可持续性。创新带来的新技术、新产品和新模式能够有效地推动经济和社会的发展，同时也能够提高人民生活水平。当前，创新已经成为各个国家和企业争夺竞争优势的重要手段。在全球化和数字化时代，创新能力更是成为各行各业的核心竞争力。第二，创新位居新发展理念之首。习近平总书记在党的十八届五中全会上提出的创新、协调、绿色、开放、共享的新发展理念，是对中国经济发展所面临的新形势、新要求作出的科学总结，也是适应全球化和信息化发展趋势、适应人民群众对美好生活向往的必然选择。创新不仅仅是经济发展的基础，更是经济发展的内在动力，是推动经济高质量发展的必要条件。在当前经济转型升级的背景下，创新已成为促进经济增长、优化产业结构和提高竞争力的关键所在。随着人类生产实践的不断深入，生产力水平的提高需要不断地进行技术创新、管理创新和制度创新等方面的努力。只有坚持创新发展理念，构建创新型经济体系，加快生产率的提升，才能促进经济从高速增长向高质量发展转变，实现经济社会的健康发展。第三，创新居于国家发展全局的核心位置。党的十八大以来，党中央对创新在发展中的作用认识不断深化。党的十八大报告首次提出创新驱动发展战略，明确指出科技创新是提高社会生产力和综合国力的战略支撑。强调坚持中国特色自主创新道路，深化科技体制改革，加快建设国家创新体系，促进科技和经济紧密结合。党的十九大报告提出，创新作为引领发展的第一动力，是建设现代化经济体系的战略支撑。党的十九届五中全会再次强调，必须"坚持创新在我国现代化建设全局中的核心地位，把科技自立自强作为国家发展的战略支撑"。这是党中央以全球视野、战略眼光作出的重要论断，表明科技创新在经济社会发展中具有重要的战略地位。党的二十大报告强调："必须坚持科技是第一生产力、人才是第一资源、创新是第一动力，深入实施科教兴国战略、人才强国战略、创新驱动发展战略，开辟发展新领域新赛道，不断塑造发展新动能新优势。"[①]在全球化、信息化、数字化、智能化的时代背景下，科技创新已成为驱动经济发展、提高国家综合竞争力的重要引擎。把科技创新置于国家发展全局的核心位置，是顺应时代发展趋势的必然选择。实施创新驱动发展战略是国家综合分析国内外大势、立足中国发展全局做出的重大战略抉择，是应对新科技革命和产业变革深远改变、全球化内涵深刻变化、国际经济深度调整，并适应和引领经济发展新常态的客观要求。

随着中国实施创新驱动发展战略，一些城市和地区相继开始规划建设具有全球影响力的科技创新中心。粤港澳大湾区是国家建设世界级城市群和参与全球竞争的重要空间载体。《粤港澳大湾区发展规划纲要》指出，要加强粤港澳大湾区科技中心建设，建设全球科技创新中心，需要深入实施创新驱动发展战略。粤港澳大湾区一直将创新驱动列为重大的经济发展战略。推动科技创新，打造国际科技创新中心是必然的选择。

---

① 《高举中国特色社会主义伟大旗帜 为全面建设社会主义现代化国家而团结奋斗——在中国共产党第二十次全国代表大会上的报告》，《人民日报》2022年10月26日。

（二）关于科技创新的重要论述

科技自立自强是国家强盛之基、安全之要。党的十八大以来，以习近平同志为核心的党中央高度重视科技创新工作，坚持把创新作为引领发展的第一动力，把科技创新摆在国家发展全局的核心位置，全面谋划科技创新工作，加快推进科技自立自强，基础研究和原始创新不断加强，一些关键核心技术实现突破，战略性新兴产业发展壮大，重大创新成果竞相涌现，我国科技事业取得历史性成就、发生历史性变革，进入创新型国家行列。习近平同志围绕推进科技创新发表的一系列重要论述，立足党和国家发展战略全局，把握世界大势和时代潮流，深刻阐明了科技创新在人类社会进步中的重要地位，系统阐述了推进我国科技创新的战略目标、重点任务、重大举措和基本要求，提出了一系列新思想新观点新论断新要求，对科技创新的一系列问题进行了系统而全面的论述，内容丰富、意蕴深刻、逻辑严密、框架清晰、影响深远。

2016年，习近平总书记在全国科技创新大会、两院院士大会、中国科学技术协会第九次全国代表大会上强调："发挥各地在创新发展中的积极性和主动性，对形成国家科技创新合力十分重要。要围绕'一带一路'建设、长江经济带发展、京津冀协同发展等重大规划，尊重科技创新的区域集聚规律，因地制宜探索差异化的创新发展路径，加快打造具有全球影响力的科技创新中心，建设若干具有强大带动力的创新型城市和区域创新中心。"①2021年，习近平总书记在中国科学院第二十次院士大会、中国工程院第十五次院士大会、中国科学技术协会第十次全国代表大会上再次强调："各地区要立足自身优势，结合产业发展需求，科学合理布局科技创新。要支持有条件的地方建设综合性国家科学中心或区域科技创新中心，

---

① 习近平：《论科技自立自强》，中央文献出版社2023年版，第158—159页。

使之成为世界科学前沿领域和新兴产业技术创新、全球科技创新要素的汇聚地。"①伴随着科技革命、制度创新和经济长波的发展进程,占据世界经济主导地位和科技创新领先地位的区域不断汇聚全球科技创新资源,形成全球科技创新中心。近代以来,凭借优越的地理区位、良好的产业基础、优良的创新环境,在英国、法国、德国、美国、日本等国家先后涌现出具有全球影响力的科技创新中心,它们也成为各国科技发展的战略支点和国家科技综合水平的重要体现。为贯彻落实创新驱动发展战略,抢抓新一轮全球科技革命与产业变革的历史机遇,中国需要集中优势力量加快布局建设具有全球影响力的科技创新中心,力争在国际竞争格局中抢占主动地位和有利局面。

建设粤港澳大湾区,建设国际科技创新中心,要构建开放型区域协同创新体。党的十八大以来,以习近平同志为核心的党中央高度重视区域创新发展,党的十九大把区域协调发展战略列为七大战略之一,明确提出"建立更加有效的区域协调发展新机制"。党的二十大进一步明确提出,"统筹推进国际科技创新中心、区域科技创新中心建设"。"随着科技创新全球化与区域化的加速发展,区域越来越成为经济生产与科技创新的主体与单元。科技创新在京津冀协同发展、粤港澳大湾区建设、长三角区域一体化发展,成渝地区双城经济圈建设等重大国家战略实施方面发挥着越来越重要的作用。着眼未来,应以科技创新中心为引领,深化区域科技创新合作、提高区域整体创新能力,着力打造区域创新共同体,引领区域经济增长从要素驱动向创新驱动转型,打造国家高质量发展的重要动力

---

① 科学技术部编写组:《深入学习习近平关于科技创新的重要论述》,人民出版社2023年版,第351页。

源。"①

建设粤港澳大湾区，建设国际科技创新中心，要打造高水平科技创新平台。建设重大科技创新平台，是建设科技强国、实现高水平科技自立自强的坚实保障，也是助力产业转型升级、塑造高质量发展新动能的有力抓手。2021年习近平总书记在中央人才工作会议上强调："加快建设世界重要人才中心和创新高地，必须把握战略主动，做好顶层设计和战略谋划。我们的目标是：到2025年，全社会研发经费投入大幅增长，科技创新主力军队伍建设取得重要进展，顶尖科学家集聚水平明显提高，人才自主培养能力不断增强，在关键核心技术领域拥有一大批战略科技人才、一流科技领军人才和创新团队；到2030年，适应高质量发展的人才制度体系基本形成，创新人才自主培养能力显著提升，对世界优秀人才的吸引力明显增强，在主要科技领域有一批领跑者，在新兴前沿交叉领域有一批开拓者；到2035年，形成我国在诸多领域人才竞争比较优势，国家战略科技力量和高水平人才队伍位居世界前列。"习近平总书记指出："加快建设世界重要人才中心和创新高地，需要进行战略布局。综合考虑，可以在北京、上海、粤港澳大湾区建设高水平人才高地，一些高层次人才集中的中心城市也要着力建设吸引和集聚人才的平台，开展人才发展体制机制综合改革试点，集中国家优质资源重点支持建设一批国家实验室和新型研发机构，发起国际大科学计划，为人才提供国际一流的创新平台，加快形成战略支点和雁阵格局。"②

建设粤港澳大湾区，建设国际科技创新中心，要优化区域创新环境。2015年习近平总书记在参加十二届全国人大三次会议上海代表团审议时强

---

① 科学技术部编写组：《深入学习习近平关于科技创新的重要论述》，人民出版社2023年版，第346—347页。
② 习近平：《论科技自立自强》，中央文献出版社2023年版，第269页。

调："推进科技创新，必须破除体制机制障碍。现在，科技成果转化不顺不畅问题突出，一个重要症结是科研成果封闭自我循环比较严重，必须面向经济社会发展主战场，围绕产业链部署创新链，消除科技创新中的'孤岛现象'。要注重突破制约产学研用有机结合的体制机制障碍，突出市场在创新资源配置中的决定性作用，突出企业创新主体地位，推动人财物各种创新要素向企业集聚，使创新成果更快转化为现实生产力。要推进协同创新，健全创新服务支撑体系，加强知识产权运用和保护，维护好公平竞争的市场秩序。"①

（三）粤港澳大湾区建设国际科技创新中心的相关政策

建设粤港澳大湾区是习近平总书记亲自谋划、亲自部署、亲自推动的国家战略，打造国际科技创新中心是粤港澳大湾区建设的核心内容。2017年，在习近平总书记见证下，香港、澳门和广东签署了《深化粤港澳合作 推进大湾区建设框架协议》，该框架协议首次提出建设粤港澳大湾区国际科技创新中心。2019年，中共中央、国务院印发《粤港澳大湾区发展规划纲要》，提出将粤港澳大湾区打造成具有全球影响力的国际科技创新中心。2020年，中国共产党第十九届中央委员会第五次全体会议通过《中共中央关于制定国民经济和社会发展第十四个五年规划和二〇三五年远景目标的建议》，再次提出推进粤港澳大湾区建设国际科技创新中心。广东抓住粤港澳大湾区建设机遇，积极推进粤港澳大湾区科技创新中心建设，既是贯彻落实国家战略，也是自身深化改革、扩大开放、加快建设科技创新强省的必然要求。为推进粤港澳大湾区科技创新中心建设，广东出台了《关于贯彻落实〈粤港澳大湾区发展规划纲要〉的实施意见》《广东省推

① 中共中央文献研究室：《习近平关于科技创新论述摘编》，中央文献出版社2016年版，第70页。

进粤港澳大湾区建设三年行动计划（2018—2020年）》《关于进一步促进科技创新的若干政策措施》，修订完善了《广东省自主创新促进条例》；不断完善粤港澳大湾区建设科技创新中心的基础研究政策、技术创新政策、创新人才和开放创新政策，显著提升了广东的科技创新能力，为粤港澳大湾区建设科技创新中心提供了有力支撑。

1. 粤港澳大湾区基础研究相关政策情况

国家出台的《粤港澳大湾区发展规划纲要》提出加强粤港澳大湾区创新基础能力建设。在基础研究投入方面，提出加强应用基础研究，拓展实施国家重大科技项目，支持港澳有关机构积极参与国家科技计划项目。在高端科研基础设施建设方面，支持重大科技基础设施、交叉研究平台等建设，推进香港、澳门国家重点实验室伙伴实验室建设，向港澳有序开放国家在广东建设布局的重大科研基础设施和大型科研仪器。在高校建设方面，支持粤港澳大湾区建设国际教育示范区，支持大湾区引进世界知名高校，推进粤港澳大湾区内的高校建设世界一流大学和一流学科。

2018年12月，广东省人民政府印发《关于加强基础与应用基础研究的若干意见》，提出到2022年实现全社会基础研究经费投入占研发经费投入比重达到8.5%以上，启动建设约10个省实验室，新增建设约3个大科学装置，新增1～2所"双一流"建设高校等目标，从优化基础与应用基础研究基金资助体系、积极打造高水平研究平台、激发创新主体研究活力等方面提出相关政策措施，进一步加强广东基础与应用基础研究，大幅提升原始创新能力，全面支撑粤港澳大湾区国际科技创新中心建设。

深圳市出台《深圳市深港澳科技计划项目管理办法》加强与港澳合作开展应用基础研究。2018年，深圳市人民政府出台《深圳市关于加强基础科学研究的实施办法》，从科学问题、科研环境、学术平台、高端人才和国际化等五个方面提出政策措施，提出实施重大基础研究专项、下放基础研究立项权、布局建设一批重大科技基础设施等政策措施，支持与港澳等全球地区开放城市创新体系开展重大基础研究联合攻关。2020年，深圳市科技创新委员会（以下简称"深圳市科创委"）出台《深圳市基础研究项目管理办法》，进一步优化基础研究项目的管理机制。同年，深圳市科创委印发《深圳市深港澳科技计划项目管理办法》提出进一步支持深圳市高校、科研机构、企业与香港、澳门的高校和科研机构合作开展应用基础研究、关键技术开发和成果产业化。

2．粤港澳大湾区技术创新相关政策情况

广东不断完善技术创新政策，加快推进粤港澳大湾区技术创新发展。在加强关键核心技术攻关方面，实施重点领域研发计划，加强关键核心技术攻关：在推进科技成果转化方面，出台《关于进一步促进科技成果转移转化的实施意见》《广东省促进科技成果转化条例》等政策法规，引导和规范科技成果转化活动；在支持新型研发机构和创业孵化平台发展方面，形成较为完善的政策研究规范体系；在支持科技金融发展方面，强化科技金融政策设计，营造良好的科技金融发展环境。

实施重点领域研发计划，加强关键核心技术攻关。为加强关键核心技术攻关，广东实施重点领域研发计划，不断探索新型科研组织模式，以及规范专项项目管理。按照《广东省重点领域研发计划实施方案》要求，广东聚焦新一代信息技术、高端装备制造、绿色低碳、生物医药、数字经济、新材料、海洋经济、现代种业和精准农业、现代工程技术等九大重点领域组织实施重大、重点专项，集中力量开展关键核心技术攻关。2018年，广东省人民政府印发《广东省省级财政专项资金管理办法（试行）》，规范省级财政专项资金管理，使项目资助资金有效地用在关键技术攻关上。2020年，《广东省重点领域研发计划管理办法（试行）》印发，为高质量推进省重点领域研发计划组织管理实施与规范项目管理提供有效的政策指引。

出台相关政策法规，引导和规范科技成果转化活动。为进一步促进科技与经济的融合发展，加快推动科技成果转化为现实生产力，2016年广东省印发《关于进一步促进科技成果转移转化的实施意见》，从科技成果信息服务、科技成果转移转化载体建设、产学研协同、科技成果转移转化市场化服务、创新创业孵化平台、科技成果转移转化人才队伍、促进科技成果转移转化的激励机制等多方面提出推进科技成果转移转化的意见。同年12月，广东出台首部促进科技成果转化的地方性法规文件《广东省促进科技成果转化条例》，促进和规范科技成果转化活动。除了这两个科技成果转化专项政策法规外，《关于进一步促进科技创新的若干政策措施》还提出试点科技成果权属制度改革，探索对利用财政资金形成的新增职务科技成果，高校、科研机构可与科技人员共同申请知识产权，赋予科技人员成果所有权。《广东省推进粤港澳大湾区建设三年行动计划（2018—2020年）》提出，研究建立粤港澳大湾区知识产权交易平台，强化知识产权应用。

不断完善新型研发机构及创业孵化平台等政策。近年来，广东省不断完善相关政策法规，为新型研发机构建设发展提供制度保障。2015年2月，广东出台《关于加快科技创新的若干政策意见》，提出新型研发机构在政府项目承担、职称评审、人才引进、建设用地等方面可享受国有科研机构待遇。随后广东省科技厅等部门联合制定的《关于支持新型研发机构发展的试行办法》进一步提出支持新型研发机构发展的具体意见和支持举措。2016年，广东修订《广东省自主创新促进条例》，将新型研发机构在政府项目承担、职称评审、人才引进、建设用地、投融资等方面享受与国有科学技术研究开发机构同等待遇写入其中。2017年出台的《广东省科学技术厅关于新型研发机构管理的暂行办法》进一步明确新型研发机构管理细则。至此，广东省新型研发机构发展已拥有较为完善的政策规范体系。为进一步激发新型研发机构推进科技成果转化的积极性和能动性，2019年出台的《关于进一步促进科技创新的若干政策措施》提出赋予省市参与建设的事业单位性质新型研发机构自主审批下属创投公司投资决策权。科技型孵化器、港澳青年创新创业基地是两家重要的创业孵化平台。广东出台了系列政策措施，大力推动建设这两种创业孵化平台。

3．粤港澳大湾区相关创新人才政策情况

广东日益健全的创新人才政策体系促进了粤港澳大湾区内地城市创新人才集聚。广东十分重视集聚全球创新人才，创新人才政策始终走在全国前列。2001年，广东出台全国第一部地方性自主创新法规《广东省自主创新促进条例》，并分别在2016年和2019年进行了修订。创新型人才建设与服务是《广东省自主创新促进条例》的重要内容。2019年新修订的《广东省自主创新促进条例》从创新人才引进、培养、服务与保障、评价与激励等方面规定了创新人才建设与服务的具体内容。粤港澳大湾区内地城市也积极出台创新人才政策。为引进和留住创新人才，深圳综合使用需求型和供给型政策工具，实施引进海外高层次人才"孔雀计划"，市财政每年投入不少于10亿元，用于培育和引进海内外高层次人才和团队。东莞对创新人才的吸引力远不如深圳和广州，为促进创新人才认识东莞并留在东莞，东莞开展名校研究生联合培养计划，推进国内外高水平大学培养研究生的需要与东莞广大企业加大科研创新投入的需要"无缝对接"，支持研究生毕业后到东莞就业。

香港实施系列人才培养与引进计划。作为粤港澳大湾区重要的创新人才集聚地，香港十分注重创新人才的培养与引进。在创新人才培养方面，

香港制订了系列人才计划。2015年，香港选择8所中学推行为期八年的信息科技增润计划，培养年轻的信息科技人才，同时在信息科技增润计划下推行中学IT创新实验室计划，支持中学举办信息科技活动。在科研人员培养方面，香港创新及科技基金下设的研究员计划和博士专才库资助企业聘请大学毕业生和博士后开展研究工作。截至2020年1月，这两个计划共资助了5649个研究职位，其中研究员计划4759个，博士专才库890个。香港还实施工业化和科技培训计划，对企业在职人员开展高端科技培训。截至2019年11月底，该计划共资助超过2000名学员接受培训。在人才引进方面，2018年6月，香港推出"科技人才入境计划"，对海外和内地来港从事研发工作实施快速处理安排。该计划最初适用于在香港科技园和数码港的公司，后逐步推广至园区以外进行研发活动的公司。截至2020年2月，经该计划获准入境人才总数为102人，主要分布在人工智能、生物科技、网络安全、数据分析、金融科技、材料科学、机械人技术等领域。

澳门实施分类明确的人才培养计划。2018年，澳门出台《澳门中长期人才培养计划——五年行动方案》，将重点领域紧缺人才、产业多元人才、职业技术人才、科技创新人才、专业技术人才等作为培养对象，依据人才培养目标，行动方案内容细分为19项发展策略、45项措施和项目。具体措施包括构建和优化人才数据库，推动创新型人才培育，继续推动产学研合作，优化海外人才回澳发展的政策环境等。

4. 粤港澳大湾区相关开放创新政策情况

《粤港澳大湾区规划纲要》提出粤港澳大湾区要建设开放型区域创新共同体，积极吸引和对接全球创新资源。为推进粤港澳大湾区开放创新发展，广东省出台的《关于贯彻落实〈粤港澳大湾区发展规划纲要〉的实施意见》提出促进人员车辆货物往来便利化，共建粤港澳合作发展平台，全面参与国际经济合作，加快形成全面开放新格局。《关于进一步促进科技创新的若干政策措施》针对制约粤港澳三地开展科技创新合作的体制机制问题，从"人往来""税平衡""钱过境"等方面提出系列政策措施，并提出率先实施更优人才永久居留政策，支持国内外创新主体到广东建立研发总部或区域研发中心，支持国家重大科技成果到广东转化，集聚全球创新资源。广东还出台了《广东省推进"广州—深圳—香港—澳门"科技创新走廊建设行动方案（2020—2022年）》，推进创新要素在走廊内集聚和自由流动。

2020年，广州市重点领域研发计划所有专项均面向港澳高校开放申报，并印发《广州市关于市级财政科研资金跨境港澳地区使用管理暂行办法》，明确跨境港澳地区使用的市级财政科研资金预算编制、项目管理、经费和绩效管理等工作，在粤港澳大湾区珠江三角洲九市中，率先实现市级财政科研资金直接拨付港澳使用。黄埔区、广州开发区出台《广州市黄埔区 广州开发区推进粤港澳知识产权互认互通办法（试行）》（即"粤港澳知识产权互认10条"），试行三地知识产权互认互通；简化研发设备、样本样品跨境使用进出口手续，生物样品等特殊物品审批时限压缩到10个工作日以内，大型科研设备实施24小时预约、"即报即放、到厂检验"的通关模式。

2018年，深圳市出台《深圳市"深港创新圈"计划项目管理办法（试行）》，实施深港联合资助项目、深圳单方资助的深港合作项目、深圳单方资助的委托研发项目和深圳单方资助的香港研发项目4类项目，加强与香港的科技创新合作。2019年，深圳市出台国内财政科研资金在港澳地区使用与管理的首部管理制度《深圳市财政科研资金在港澳地区使用管理规程（试行）》，明确财政科研资金在港澳地区使用与管理规程。2020年，在《深圳市"深港创新圈"计划项目管理办法（试行）》基础上，深圳市制定出台《深圳市深港澳科技计划项目管理办法》，进一步支持深圳市高校、科研机构、企业与港澳的高校和科研机构开展科技合作。

▼二 构建开放型区域协同创新体

（一）加强科技创新合作

粤港澳大湾区是中国经济最发达、城市最密集、人口最集中的区域之一，但同时也面临着资源分配不均、区域发展不平衡等问题。加强科技创新合作对于推动粤港澳大湾区的发展具有重要的意义。为了加强科技创新合作，大湾区制定了一系列的实施方案和计划，促进了区域协调发展，实现了资源共享、优势互补，提高了整个区域的综合竞争力。

为更好发挥内地与香港、澳门科技合作委员会的作用，推动香港、澳门融入国家创新体系。内地与香港、澳门科技合作委员会自2004年成立以来，取得了一系列显著的成就。特别是在2021年3月，科技部与香港特别行政区政府签署了《内地与香港关于加快建设香港国际创新科技中心的安排》（以下简称《安排》）。《安排》为两地提供了政策指南和行动纲领，进一步推动了两地交流合作的全面深化和提速。现在，委员会各成员单位也正在以党的二十大精神为指引，继续推进落实《安排》，为科技创新合作、香港国际创新科技中心建设创造更有利条件，提供更广阔舞台。

充分发挥粤港澳科技和产业优势，积极吸引和对接全球创新资源，建设开放互通、布局合理的区域创新体系。粤港澳大湾区在建设区域创新体系方面，取得了显著的成就。首先，该区域形成了科技创新资源频繁流动、深度共享的格局，这背后依托的是科技和产业创新的"三大利器"：区域产业集聚平台、大科学装置平台和企业开放创新平台。其次，在经济规模和发展能级上，粤港澳大湾区也取得了重大突破。2021年，该区域的

GDP突破了12万亿元，使得其经济总量超越了加拿大和韩国。此外，粤港澳大湾区已经吸引了大量的高新技术企业和科研机构入驻。例如，华为、中兴、腾讯等知名企业均在此设立了总部或研发中心。同时，众多国内外知名高校也在湾区内设立了分支机构，如清华大学、北京大学、香港中文大学等。最后，粤港澳大湾区还加强了与国际社会的交流与合作。例如，与美国硅谷、东京湾区、纽约湾区等全球知名科技创新中心建立了合作关系。

推进"广州—深圳—香港—澳门"科技创新走廊建设，探索有利于人才、资本、信息、技术等创新要素跨境流动和区域融通的政策举措，共建粤港澳大湾区大数据中心和国际化创新平台。2019年以来，《粤港澳大湾区发展规划纲要》等国家和广东省级有关文件均提出推进广州—深圳—香港—澳门科技创新走廊建设，并相继推进实施了一系列政策举措。广州深度参与了广深港澳科技创新走廊建设，与中科院签约共建南沙科学城、中科院明珠科学园等重大创新平台，清华珠江三角洲研究院与香港浸会大学达成合作协议，香港科技大学（广州）项目筹建工作正在加快推进。人工智能与数字经济实验室纳入第三批省实验室组建计划，天然气水合物钻探船项目获得国家发改委正式批复。国家超级计算广州中心新建前海、珠海等分中心，实现全面覆盖粤港澳大湾区11个城市，其中服务超过150个港澳团队。推进广州大学城—国际创新城、中新广州知识城、广州科学城、琶洲、天河智慧城、国际生物岛、南沙庆盛科技创新产业基地等重大创新平台建设，与港澳共建超过30个科技创新合作平台。

加快国家自主创新示范区与国家双创示范基地、众创空间建设，支持其与香港、澳门建立创新创业交流机制，共享创新创业资源，共同完善创新创业生态，为港澳青年创新创业提供更多机遇和更好条件。广东省委、省政府高度重视港澳青年创业就业工作，出台《粤港澳大湾区发展规划纲要》的实施意见和三年行动计划，与人力资源和社会保障部签署战略合作协议争取82个政策创新点，印发《关于加强港澳青年创新创业基地建设的实施方案》，扎实推进平台载体建设，"1+12+N"孵化体系建设粗具规模，13个重点建设的基地已有12个投入运营，孵化港澳项目765个，吸纳了一批港澳青年来粤就业创业；在建设粤港澳青年创新创业合作示范基地方面，推进南沙粤港澳（国际）青年创新工场、前海深港青年梦工场、横琴澳门青年创业谷等粤港澳青年创新创业平台建设。推动创新创业基地与粤港澳地区的天使基金、私募基金、融资担保公司、证券公司等机构合作，按照市场化原则设立粤港澳青年发展基金、创业引导基金、创业导师基金等。为港澳青年创业投资企业提供直通车服务，建立港澳中小企业专属网页，提供免费注册地址、办公场地、便利化商事登记等服务。

鼓励粤港澳企业和科研机构参与国际科技创新合作，共同举办科技创新活动，支持企业到海外设立研发机构和创新孵化基地，鼓励境内外投资者在粤港澳设立研发机构和创新平台。支持依托深圳国家基因库发起设立"一带一路"生命科技促进联盟。鼓励其他地区的高校、科研机构和企业参与大湾区科技创新活动。大湾区吸引了超过 1000 位港澳科学家共同参与建设，取得积极成效。例如，粤港澳联合实验室通过课题实施、学术交流、科技资源共享等方式，促进粤港澳三地科研人员深化合作，并通过举办高端学术论坛，推进三地政府人员、学者、知名企业家深入交流，打造粤港澳科研合作的重要平台，大湾区创新协作日益紧密。

（二）加强创新基础能力建设

随着全球科技创新的快速发展，大湾区作为中国经济发展的重要引擎，加强创新基础能力建设对于提升大湾区的核心竞争力、促进产业升级和转型、推动经济发展具有重要意义。同时，加强创新基础能力建设也是推动大湾区成为全球科技创新中心、打造综合性国家科学中心的必要条件。

支持重大科技基础设施、重要科研机构和重大创新平台在大湾区布局建设。大科学装置在全球范围内发挥着"科技航母"的关键作用，直接促进大批原始创新成果及关键核心技术的产生，最典型的就是欧洲核子研究中心（CERN）发明的互联网。环顾今天的大湾区，深圳、东莞、惠州、江门等地，国家重大科技基础设施和大科学装置加快布局，世界一流的重大科技基础设施集群呼之欲出。目前，中科院已在广东布局散裂中子源、深圳大亚湾中微子实验站、江门中微子实验站、加速器驱动嬗变系统研究装置、强流重离子加速装置等多个大科学装置。这些"国之重器"都是面向科技前沿的大型复杂科学研究系统，将成为国际领先的科学设施。同时，粤港澳大湾区拥有9家省实验室（见表5-1）、50家国家重点实验室（含香港16家、澳门4家）、20家粤港澳联合实验室、4家"一带一路"联合实验室、约400家省级重点实验室以及粤港澳协同布局的国家应用数学中心、大湾区量子科学中心等创新平台。

表5-1 大湾区已设立9家省实验室

领域	城市	机构实体
网络空间科学与技术	深圳	深圳鹏城实验室
先进制造科学与技术	佛山	佛山季华实验室
材料科学与技术	东莞	东莞松山湖材料实验室
海洋科学与工程	珠海	南方海洋科学与工程广东省实验室
生命信息与生物医药	深圳、广州	生命信息与生物医药广东省实验室、广州再生医学与健康广东省实验室
现代农业科学与技术	广州、深圳、茂名、肇庆、云浮、河源	岭南现代农业科学与技术广东省实验室

（续表）

领域	城市	机构实体
先进能源科学与技术	惠州	先进能源科学与技术广东省实验室
人工智能与数字经济	广州、深圳	人工智能与数字经济广东省实验室

资料来源：粤开证券研究院整理。注：化学与精细化工广东省实验室（汕头实验室、潮州韩江实验室、揭阳榕江实验室）未在大湾区珠江三角洲九市布局。

表5-2　大湾区已设立两批共20家粤港澳联合实验室

第一批粤港澳联合实验室	城市	第二批粤港澳联合实验室	城市
粤港澳光热电能源材料与器件联合实验室	深圳	粤港量子物质联合实验室	广州
粤港澳光电磁功能材料联合实验室	广州	粤港 RNA 医学联合实验室	广州
粤港澳离散制造智能化联合实验室	广州	粤港澳中医药与免疫疾病研究联合实验室	广州
粤港澳人机智能协同系统联合实验室	深圳	粤港澳污染物暴露与健康联合实验室	广州
粤港澳中子散射科学技术联合实验室	东莞	粤港大数据图像和通信应用联合实验室	深圳
粤港澳呼吸系统传染病联合实验室	广州	粤港澳智慧城市联合实验室	深圳
粤港慢性肾病免疫与遗传研究联合实验室	广州	粤港澳数据驱动下的流体力学与工程应用联合实验室	深圳
粤港新发传染病联合实验室	汕头	粤港澳商品物联网联合实验室	珠海
粤港澳环境污染过程与控制联合实验室	广州	粤港水安全保障联合实验室	珠海
粤港澳环境质量协同创新联合实验室	广州	粤港澳智能微纳光电技术联合实验室	佛山

资料来源：粤开证券研究院整理。

为落实《粤港澳大湾区发展规划纲要》，向港澳有序开放在粤重大科研基础设施和大型科研仪器，推动粤港澳大湾区科研设施与仪器开放共享，2020年11月17日，国家科技基础条件平台中心在广州组织召开了粤港澳大湾区科研设施与仪器开放共享工作推进会。国家超级计算广州中心南沙分中心（以下简称"南沙分中心"）打造全国首个"点对点"跨境专线，成为联通内地和港澳地区的高性能计算和数据处理服务平台，落实了《粤港澳大湾区发展规划纲要》提出的"向港澳有序开放国家在广东建设布局的重大科研基础设施和大型科研仪器"要求，为两地科研发展和成果转化提供关键技术支撑和服务。目前，南沙分中心已为包括香港科技大学、香港大学、澳门大学等高校在内的200余个港澳及海外科研用户团队提供超过2亿核时的超算服务，涉及材料化学、生物医药、工程机械仿真计算、气候模拟与海洋环境、金融计算等诸多领域。

支持粤港澳有关机构积极参与国家科技计划（专项、基金等）。中央财政科研经费跨境直接拨付至港澳，支持港澳国家重点实验室建设，国家重点研发计划17个基础前沿类专项、自然科学基金和优秀青年科学基金向港澳开放。又如，2020年香港工商机构对大湾区的研发开支总额达8.74亿港元，与大湾区单位有协作的香港企业占比超1/4，且有上升态势。此外，广东已有19家医疗机构获批执行"港澳药械通"政策，可使用临床急需、已在港澳上市的药品，以及临床急需、港澳公立医院已采购使用、具有临床应用先进性的医疗器械，实现了粤港澳药品医疗器械的应用创新和监管创新。

加强应用基础研究，拓展实施国家重大科技项目。大湾区研发投入规模和强度持续增长，2021年，大湾区珠江三角洲九市全社会R&D（研究与开发）经费达到3826.75亿元，规模高于30个省份，较2017年名义增长71.9%，增速高于全国平均13.1个百分点[①]；R&D经费投入强度（R&D经费占GDP比重）为3.8%（见图5-1），较2017年提高了0.86个百分点，在31个

① 《2017年珠江三角洲九市全社会R&D经费2226.6亿元》，《广东统计年鉴（2018）》；《2021年、2017年全国全社会R&D经费27956.3亿元》，《中国统计年鉴（2022）》。

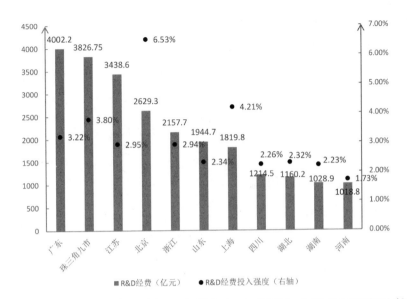

图5-1：2021年大湾区珠江三角洲九市R&D经费与全国前10省份比较
资料来源：国家统计局、广东省统计局。

省份中仅低于北京、上海。[①]从城市来看，2021年，深圳、广州、东莞、佛山、香港R&D经费分别达到1682.15亿元、881.72亿元、434.45亿元、342.36亿元、278.3亿港元（约合230.9亿元人民币），其中深圳、东莞、惠州、广州的R&D经费投入强度超过3%（见图5-2）。[②]近年来，大湾区重点面向电子、机械、汽车等领域开展创新研发，形成科研成果与市场应用有效衔接，做强做大高新技术产业。2021年大湾区珠江三角洲九市的高新技术企业达到5.7万家，[③]其中约四分之一集聚在国家级高新区。大湾区

---

① 《2021年全国科技经费投入统计公报》，国家统计局网站2022年8月31日。

② 《2022年广东省科技经费投入公报发布 深圳研发经费支出排全省第一》，《深圳晚报》2023年12月13日。

③ 《国家高新技术企业达5.7万家 大湾区科技创新赛道按下"加速键"》，《北京日报》2023年3月26日。

拥有独角兽企业51家，约占全国的六分之一。[①]全省约90%的科研机构、90%的科研人员、90%的研发经费、90%的发明专利申请都来源于企业。[②]同时，大湾区坚持加大基础研究投入，提升原始创新、自主创新、前沿创新能力。大湾区珠江三角洲九市2022年发明专利授权量11.12万件（见表5-3），占全国的13.9%，2020年PCT（《专利合作条约》）国际专利申请量2.8万件，占全国的40.6%。整体来看，大湾区"两廊"（广深港科技创新走廊、广珠澳科技创新走廊）、"两点"（深港河套创新极点、粤澳横琴创新极点）的创新发展框架体系初步成型，积极打造5G、集成电路、纳米、生物医药四大产业创新高地，加快布局一批高水平的创新平台载体。

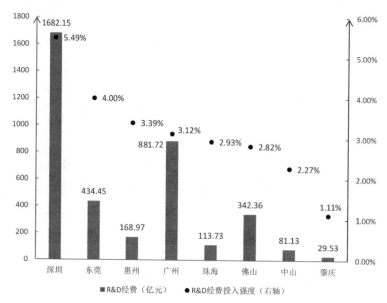

图5-2 2021年深圳、东莞、惠州、广州R&D投入强度
资料来源：广东省统计局。

---

① 《粤港澳大湾区启动"加速键"》，新华网2023年2月18日。
② 《广东"创"出经济发展新动能》，南方新闻网2022年9月16日。

表5-3　2022年珠江三角洲九市专利授权情况

城市	专利授权	其中：发明专利	实用新型专利	外观设计专利
深圳	27.58	5.22	14.88	7.48
广州	14.69	2.76	8.11	3.81
佛山	10.64	0.86	5.93	3.85
东莞	9.56	1.07	6.32	2.71
中山	4.33	0.19	2.13	2.00
珠海	2.78	0.62	1.83	0.33
惠州	2.76	0.21	2.05	0.50
江门	2.05	0.12	1.21	0.72
肇庆	0.90	0.07	0.56	0.27
合计	75.28	11.12	43.02	21.14

资料来源：广东省市场监督管理局。

（三）加强产学研深度融合

习近平总书记指出："要坚持创新驱动，推动产学研结合和技术成果转化，强化对创新的激励和创新成果应用，加大对新动力的扶持，培育良好创新环境。"产学研合作有利于促进科研成果的转化和应用。粤港澳大湾区致力于建设国际科技创新中心，产学研合作是一种比较高效的创新模式，港澳与大湾区内地的"产学研用"的创新链条上优势互补。"十四五"期间，强化粤港澳三地创新资源"产学研用"深度融合，借鉴美国、日本等区域"产学研用"紧密结合的经验，创造良好的创新生态，对推动粤港澳大湾区科技创新合作、加快国际科技创新中心建设具有重大的现实意义。

建立以企业为主体、市场为导向、产学研深度融合的技术创新体系，支持粤港澳企业、高校、科研院所共建高水平的协同创新平台，推动科技成果转化。港澳高校、科研机构在大湾区内地积极布局、谋划发展，粤港澳高校、科研机构的跨境合作有利于大湾区国际科技创新中心建设的推进。截至2023年初，大湾区内地与港澳已建成3所合办大学，分别是北京师范大学—香港浸会大学联合国际学院、香港中文大学（深圳）以及香港科技大学（广州）。未来五年，广东计划新建3～5所粤港澳合作办学机构，新设3～5所不具法人性质的合作办学机构和联合研究院，香港城市大学、香港都会大学、香港理工大学、香港大学、澳门科技大学、澳门城市大学等高校有望加快推进在粤办学。此外，2013年澳门大学在珠海横琴的新校区启用后，已建立一批联合实验室、产学研示范基地等创新载体，有效推动了澳门与内地的产学研合作。此外，香港主要知名高校在深圳虚拟大学园已建成产业化基地，香港应用科技研究院有限公司也与大湾区内地城市申请了多项专利项目，推动"产学研用"融合发展。2019年，珠海横琴也新增1平方公里土地支持澳门建设产学研一体化国际研究院。港澳在推动粤港澳大湾区的"产学研用"融合中的参与平台众多，基础夯实。

实施粤港澳科技创新合作发展计划和粤港联合创新资助计划，支持设立粤港澳产学研创新联盟。广东自贸试验区加强与珠江三角洲国家自主创新示范区联动发展。实施粤港澳科技创新合作发展计划和粤港澳联合创新资助计划，推动成立促进粤港澳产学研创新的社会组织，推动地方创新券和科研经费跨粤港澳三地使用，建设粤港澳产业发展数据库、技术路线图数据库、创新主体信息数据库和高端人才信息数据库，整合、发布粤港澳创新资源和科技合作供需信息。此外，广东还支持香港纳米科技及先进材料、资讯及通信技术、物流及供应链管理应用技术等研发中心，以及国家科技兴海产业示范基地等落户自贸试验区。按照《国家实验室组建方案（试行）》，坚持高标准、高水平、突出重点，推动海洋科学领域广东省实验室建设发展。支持粤港澳共建国家级科技成果孵化基地和科技企业孵化器，促进港澳及国际研究机构的先进技术成果向内地转移转化。

▼三 打造高水平科技创新平台

（一）重大科技基础设施建设

大科学装置是我国抢占未来科技竞争制高点的"国之重器"。近年来，粤港澳大湾区围绕信息、生命、材料、海洋、能源等重点学科领域，吸引了一大批瞄准世界科技前沿、面向国家重大需求的重大科技基础设施落户。如今，世界一流的重大科技基础设施集群正在粤港澳大湾区加速汇集，推动粤港澳大湾区国际科技创新中心建设加速前进。大器"湾"成，"深圳—香港—广州"科技集群连续四年在全球创新指数（GII）"科技集群"排名中位列全球第二，粤港澳大湾区全球创新指数再攀新高。

国家超级计算广州中心是大湾区前沿科技创新和产业升级不可或缺的高端计算工具和基础设施，其中"天河二号"的算力已实现大湾区城市全覆盖，被应用在生物医药、新材料、工程设计与仿真分析、天气预报、智慧城市等多个领域，助力大湾区的信息化和智能化发展；"鹏城云脑"网络智能重大科技基础设施是面向国家重大战略需求，支撑新一代网络通信智能关键技术创新突破的大科学装置。鹏城实验室基于"鹏城云脑Ⅱ"建立了支持千亿参数超大规模AI模型并行训练平台。"鹏城云脑Ⅱ"作为国内首个全面自主可控的E级智能算力平台，目前向实验室以外的企业、高校与科研院所开放共享，已支撑近千个国产AI模型训练任务与AI算法发布；在深圳光明科学城，多个生命科学领域的大科学装置落户。其中，合成生物研究重大科技基础设施拥有高通量、标准化合成生物研发能力，能快速、低成本、多循环地完成"设计—构建—测试—学习"研究闭环，实现人工生命体理性设计合成，相当于一座智能化的"生物铸造工厂"；同样坐落在深圳光明科学城的还有脑解析与脑模拟重大科技基础设施，它是全球首个跨物种、全尺度的脑科学创新科研平台，将加速脑疾病治疗药物、新型诊断和干预方法的研发迭代周期；被誉为"超级显微镜"的中国散裂中子源就坐落在东莞松山湖畔，该装置是我国首台、世界第四台脉冲型散裂中子源，可为物质科学、生命科学、资源环境等多个领域的基础研究和高新技术开发提供强有力的研究平台；先进阿秒激光设施位于中国科学院物理研究所和松山湖材料实验室共建的阿秒科学中心，该设施可实现对超快电子运动的跟踪测量和操控，将建设成为国际最先进的综合性超快电子动力学研究设施，助力突破高温超导、量子计算、癌症治疗等多个重大基础科学问题；南方先进光源装置是一台衍射极限第四代同步辐射光源的装置，由于同步辐射光具有高强度、宽波谱、高准直等一系列优点，在物理学、化学化工、材料科学、生命科学等领域都广泛应用。南方先进光源装置紧邻中国散裂中子源，同为观测物质微观结构的大科学装置。这两大装置相辅相成，可为我国前沿科学研究提供最先进的研究手段。中国科学院在惠州布局建设了加速器驱动嬗变研究装置和强流重离子加速器两大科学装置，两大装置均列入国家"十四五"规划，建成后将分别成为全球首个实现高功率耦合运行的兆瓦级加速器驱动嬗变研究装置和国际上脉冲束流强度最高的重离子加速器装置。曾经，大亚湾中微子实验室发现中微子的第三种振荡模式，震撼世界。如今大亚湾中微子实验室已退役，江门中微子实验室正全力接续使命，以测定中微子质量顺序、精确测量中微子混合参数为主要科学目标，不断加快建设。中微子探测器是观测中微子的实验设备，建成后将成为世界上能量精度最高、规模最大的液体闪烁体探测器。

（二）国家自主创新示范区建设

粤港澳大湾区建设国家自主创新示范区是一项重要的国家战略，旨在推动粤港澳大湾区在科技创新、产业升级、城市发展等方面实现全面升级，成为全球最具活力和竞争力的科技创新中心之一。经过多年的努力，粤港澳大湾区在国家自主创新示范区建设方面取得了显著进展。粤港澳大湾区有序开展国家高新区扩容，将高新区建设成为区域创新的重要节点和产业高端化发展的重要基地。这得益于大湾区在科技创新和产业发展方面的坚实基础和明显优势。该区域内的企业和研究机构具有较高的创新能力和研究水平，吸引了来自全球各地的优秀人才前来工作和创新。这些优秀人才和企业在大湾区的聚集，为大湾区的科技创新和产业发展提供了更加丰富的人才资源，也推动了大湾区的高新技术产业发展和经济转型升级。

粤港澳大湾区推动珠江三角洲九市军民融合创新发展，支持创建军民融合创新示范区。这一举措旨在推动军民融合发展，促进军事技术向民用领域的转化和推广，同时利用民用技术和市场机制推动军事技术的进一步发展和升级。在粤港澳大湾区，珠江三角洲九市积极推进军民融合创新发展，探索和实践具有中国特色的军民融合发展模式。通过建设军民融合创新示范区，大湾区将为全国范围内的军民融合发展提供重要的示范和引领作用。在实施国家自主创新示范区建设方面，粤港澳大湾区还注重发挥各地区的优势和特色。例如，广州作为国家中心城市和综合性门户城市，在科技创新、人才引进、产业升级等方面具有得天独厚的优势；深圳作为全球科技创新中心和国内创新创业的重镇，拥有众多的高科技企业和创新型产业集群；东莞则以其制造业基础雄厚、产业链完善而闻名于世。这些城市在充分发挥自身优势的同时，也积极推动区域间的协同发展和合作共赢。此外，粤港澳大湾区还通过加强政策支持和引导来推动国家自主创新示范区的建设。政府出台了一系列优惠政策和扶持措施，包括税收优惠、资金扶持、人才引进等，以鼓励企业和个人开展科技创新和创业活动。这些政策的实施为大湾区的科技创新和产业发展提供了更加有力的政策支持和保障，进一步激发了企业和个人的创新热情和创造力。在建设国家自主创新示范区的过程中，粤港澳大湾区还注重优化创新生态环境。这包括加强知识产权保护和交易、完善科技成果转移转化体系、加强人才流动和合作平台的建设等。通过这些措施的实施，大湾区营造了一个良好的创新生态环境，为科技创新和产业发展的繁荣提供了有力保障。

粤港澳大湾区通过有序开展国家高新区扩容、推动珠江三角洲九市军民融合创新发展以及加强政策支持和引导等措施的实施，已经成为区域创新的重要节点和产业高端化发展的重要基地。同时，大湾区的建设也为全国其他地区和国家提供了可借鉴的经验和启示。未来，粤港澳大湾区将继续发挥其在科技创新和产业发展等方面的优势，推动整个区域的持续发展和进步。

（三）重大创新载体建设

粤港澳大湾区是我国重要的经济发展区域，也是科技创新的重要基地。近年来，为了推动大湾区的科技创新和经济发展，国家支持了一系列重大创新载体的建设，重大创新载体是指具有重大影响力和突出创新能力的科技创新平台和产业创新基地，其中包括粤港澳大湾区港深创新及科技园、中新广州知识城、南沙庆盛科技创新产业基地、横琴粤澳合作中医药科技产业园等。粤港澳大湾区港深创新及科技园是香港和深圳两地政府共同规划建设的科技创新园区，旨在吸引全球优秀的科技企业和创新团队，推动科技创新和产业发展。该园区聚焦于人工智能、生物技术、信息技术等高新技术产业，致力于打造具有国际竞争力的科技创新中心。中新广州知识城是广州与新加坡共同规划建设的产业园区，重点发展知识密集型产业，如高端制造业、服务业和文化产业等。该园区注重知识产权保护和科技创新，致力于打造具有国际先进水平的知识经济中心。南沙庆盛科技创新产业基地是广州南沙区的重要科技园区，重点发展智能制造、新材料、生物医药等高新技术产业。该基地注重科技成果转化和产业化，致力于打造具有国际竞争力的科技创新产业集群。横琴粤澳合作中医药科技产业园是珠海横琴新区的重要产业园区，专注于中医药产业的发展和创新。该产业园注重中医药文化的传承和创新，致力于打造具有国际领先水平的中医药科技创新基地。这些重大创新载体的建设，对于提升粤港澳大湾区区域创新能力和产业竞争力具有重要意义。未来，粤港澳大湾区将继续加强重大创新载体的建设，不断提升区域内的科技水平和产业竞争力，为实现高质量发展提供重要的支撑和引领作用。同时，还需要加强政策支持和引导，营造良好的创新环境，推动科技创新和产业发展的深度融合和创新链的进一步完善。

▼ 四 优化区域创新环境

（一）区域创新体制机制改革

湾区经济是区域经济发展的高级形态。一体化市场的分工协作和高度整合的协同发展是湾区经济形成的基础性因素。与国际典型湾区和国内城市群一体化相比，粤港澳大湾区有"一国两制、三个关税区和三种法律体系"的特殊制度环境。如何在"一国两制"方针和基本法框架内，发挥粤港澳综合优势，促进要素流通？从经济学角度看，可以把粤港澳大湾区合作发展看作区域经济一体化过程，通过创新体制机制消除阻碍商品和要素流通的障碍，推动各城市优势互补分工合作，发挥湾区经济强大的集聚外溢效应，提升国际竞争力与影响力。自粤港澳大湾区建设以来，为了创新体制机制，促进资本、技术、人才、信息等关键要素流通，湾区实施了一系列的改革措施。为了方便港澳人才到大湾区开展科技创新和研究工作，实施了更加便利化的出入境政策：放宽港澳人才到大湾区工作的出入境限制，提供更加便捷的签证和居留许可申请程序；为大湾区科技创新机构、高校等引进的港澳人才提供更加优惠的出入境待遇；为大湾区科技创新机构、高校等提供更加便捷的因公临时出国（境）审批和管理服务。为了吸引更多的港澳人才到大湾区工作，实施了更加便利化的工作政策：为大湾区科技创新机构、高校等引进的港澳人才提供更加优惠的工作许可和就业资格认证程序；为大湾区科技创新机构、高校等提供更加灵活的人事档案管理服务；为大湾区科技创新机构、高校等引进的港澳人才提供更加优惠的社会保险和福利待遇。为了解决港澳人才到大湾区工作的后顾之忧，实施了更加便利化的居住政策：为大湾区科技创新机构、高校等引进的港澳人才提供更加优惠的居住条件和住房保障政策；为大湾区科技创新机构、高校等提供更加便捷的居住许可申请和管理服务；为大湾区科技创新机构、高校等引进的港澳人才提供更加优惠的子女教育和社会福利政策。为了提高大湾区的物流效率和降低成本，实施了更加便利化的物流政策：优化大湾区的物流运输网络和监管体系；提高大湾区的物流信息化水平和智能化监管能力；为大湾区科技创新机构、高校等提供更加便捷的物流配送和仓储服务。通过实施上述便利化的政策措施，吸引了很多的港澳人才到大湾区工作和创新，提高了大湾区的创新能力和竞争力。同时促进了港澳与内地的交流和合作，推动港澳融入国家发展大局。此外，还提高了大湾区的开放合作水平，增强了国际竞争力。

深化区域创新体制机制改革是大湾区实现高质量发展的关键举措之一。粤港澳大湾区区域创新体制机制改革取得了显著成果。通过优化创新资源配置、深化科技创新合作、推动产业转型升级、加强政策支持和引导等措施的实施，大湾区的科技创新能力和产业竞争力得到了提升，为推动大湾区的高质量发展提供了强有力的支撑。未来，大湾区将继续深化改革和创新发展模式，推动区域创新体制机制改革向更高水平迈进，成为全球最具活力和竞争力的科技创新区域之一。

（二）促进科技成果转化

《粤港澳大湾区发展规划纲要》明确提出要将粤港澳大湾区建设成为具有国际竞争力的科技成果转化基地，广东珠江三角洲九市已于2018年5月正式获批建设国家科技成果转移转化示范区，成为全国九个国家级示范区之一。因此，推进粤港澳大湾区科技成果转化不仅是大湾区自身发展的内在需求，也是国家赋予的重大战略任务。

创新机制、完善环境，将粤港澳大湾区建设成为具有国际竞争力的科技成果转化基地。近年来，粤港澳大湾区各级政府紧跟党中央、国务院及各部委的步伐，积极探索科技创新、成果转化、三地协同等领域创新做法，出台了一系列相关政策举措，全方位多领域激发粤港澳大湾区科研人员创新创业和成果转化活力。在赋权改革的带动下，截至2022年3月，深圳市已有37家科研单位实施职务成果赋权改革，已完成职务科技成果分割确权160余件，深圳市2021年认定登记通过15284份合同，同比增长30%；技术合同成交额1627.08亿元，同比增长57%；核定技术交易额1553.46亿元，同比增长52%。[①]

支持粤港澳在创业孵化、科技金融、成果转化、国际技术转让、科技服务业等领域开展深度合作，共建国家级科技成果孵化基地和粤港澳青年创业就业基地等成果转化平台。广东省大力推动创建珠江三角洲国家科技成果转移转化示范区，打造科技成果转移转化区域高地，加强粤港澳大湾区科技创新合作及成果转移转化，鼓励与港澳联合共建国家级科技成果孵

---

① 《让成果转化更为主动 深圳科技成果赋权转化持续加速》，深圳新闻网2022年2月16日。

化基地、青年创新创业基地等成果转化平台。建设华南技术转移中心，打造华南地区最具活力和影响力的技术转移与成果转化平台。建立了全省统一的科技成果信息公开平台，完善重大科技成果转化数据库，推动技术标准成为科技成果转化的重要表现形式和统计指标。完善了技术转移服务体系，培育市场化、专业化的技术转移机构和人才队伍。进一步完善了科技成果转移转化激励政策，建立了省财政资助的应用类科技创新项目成果限时转化机制。

在珠江三角洲九市建设一批面向港澳的科技企业孵化器，为港澳高校、科研机构的先进技术成果转移转化提供便利条件。孵化载体是推动企业创新的中坚力量，承载着科技创新推动产业升级的未来。2021年，广东省科技厅制定并出台了《广东省科技孵化育成体系高质量发展专项行动计划（2021—2025年）》，通过实施产业孵化集群培育、特色孵化载体提升等六大专项行动，引领广东省科技孵化育成体系从规模增长向高质量发展转变。作为全国孵化载体发展"排头兵"，广东省始终将推动科技企业孵化器建设作为实施创新驱动发展战略的重要抓手，实施了系列政策举措，在全国孵化器发展中发挥了示范带头作用。《广东省科技孵化育成体系建设发展报告（2023）》指出，目前，广东省科技企业孵化器达1066家，众创空间1050家，其中国家级孵化器222家，总量位居全国第二；国家级备案众创空间274家，总量位居全国第一。目前全省21个地市已实现孵化器、众创空间全覆盖，珠江三角洲98%以上县区实现孵化器全覆盖，100%以上县区实现众创空间全覆盖，全省国家级高新区实现国家级孵化器全覆盖，过半的省级高新区实现省级孵化器全覆盖。

支持珠江三角洲九市建设国家科技成果转移转化示范区。粤港澳大湾区将科技成果转化能力显著提升作为发展目标之一。技术转移机构是连接创新技术从供给方到需求方的中介主体，包括技术转移转化服务机构、科技成果转化服务机构、科技中介服务机构等。打造高水平技术转移机构队伍，完善技术转移机构体系对粤港澳大湾区意义重大。这有利于进一步促进区域技术转移和科技成果转化，打造科技创新成果转化高地，提升地区创新能力，推动粤港澳大湾区成为全球新一轮科技革命和产业创新发展的积极参与者和引领者。粤港澳大湾区是科技创新要素集聚地，拥有一批在全国乃至全球具有重要影响力的高校、科研院所、高新技术企业和大科学装置，是全国技术交易最活跃的地区之一，培育了庞大的技术转移机构队伍。2022年，广东省全年共认定登记技术合同47892项，合同成交额约4525.42亿元，其中技术交易额约2663.57亿元，继续保持全国第二位，吸纳技术合同成交额居全国第一位。众多国家级技术转移平台布局在粤港澳大湾区。从2013年开始，经科技部批准，全国共计建立了11个技术转移区域中心，其中，国家技术转移南方中心（深圳）位于粤港澳大湾区。2016年，国家启动建设国家科技成果转移转化示范区。2018年，珠江三角洲国家科技成果转移转化示范区建设正式全面启动。粤港澳大湾区各地市根据自身创新发展需求，加快培育和打造本土技术转移机构。本土建设包括市场主体自发设立和市场主体引导设立。前者主要包括政府、大学、科研机构、企业等主体出资设立的独立组织或内设机构，且因实际设立的机构形式不同，名称也不尽相同，包括技术转移中心、科技成果转化中心、科技成果转化基地、科技成果转化平台等多种形式。如：深圳市科技创新战略研究和技术转移促进中心是深圳市科创委下属单位，主要承担全市技术转移、科技成果转化、技术交易以及技术转移机构培育和技术转移人才队伍建设等事务性工作；中山大学、华南理工大学、华南农业大学、暨南大学等设立的科技成果转化和技术转移基地为高水平大学自发设立的内设机构。后者主要涉及政府层面引导培育相关的社会机构。

（三）强化知识产权保护

创新是经济发展的驱动力，而知识产权反映出一个国家和地区的创新能力。《粤港澳大湾区发展规划纲要》特别指出，在优化区域创新环境方面，要求强化知识产权保护和运用。因此，在新时代、新定位、新格局下，全面加强粤港澳大湾区的知识产权保护对于大湾区形成以创新为主要支撑的经济体系和发展模式，具有重要的意义。

为全面加强粤港澳大湾区知识产权保护，高效促进知识产权运用，粤港澳大湾区完善大湾区知识产权合作机制，依托粤港、粤澳、泛珠江三角洲区域知识产权合作机制，全面加强粤港澳大湾区知识产权领域合作，深化实施合作项目，打造合作交流平台和品牌，完善粤港澳大湾区知识产权信息交换机制和信息共享平台。

推动跨区域知识产权政策协调，争取先行先试知识产权获权、保护、运用、服务、金融等创新制度。强化粤港澳大湾区知识产权保护合作，完善粤港澳三地知识产权案件跨境协作机制，打击跨境知识产权侵权违法行为。强化粤港澳大湾区知识产权运用合作，推动粤港澳大湾区知识产权国际合作高地建设，鼓励更多创新型试点项目优先落地。培育发展大湾区知识产权市场，高水平举办粤港澳大湾区知识产权交易博览会、中国（国际）地理标志产品交易博览会以及粤港澳大湾区高价值专利培育布局大赛，扩大活动影响力。探索建立粤港澳大湾区离岸知识产权运营平台，推动大湾区知识产权出口贸易。支持在内地及香港证券交易所发行知识产权证券化产品。发挥知识产权服务业集聚发展区的辐射作用，促进高端知识产权服务与区域产业融合发展。强化知识产权行政执法和司法保护，发挥广州知识产权法院、深圳知识产权法庭等机构作用，加强电子商务、进出口等重点领域和环节的知识产权执法。利用港澳地区知识产权服务资源，健全仲裁、调解等知识产权纠纷多元化解机制。

强化知识产权行政执法和司法保护，更好发挥广州知识产权法院等机构作用，加强电子商务、进出口等重点领域和环节的知识产权执法。广东还持续创新知识产权政务服务模式，联合香港特别行政区知识产权署在全省12个知识产权业务窗口设置"香港特别行政区知识产权问询点"，面向社会公众开展香港知识产权业务咨询服务。《2021年广东省知识产权保护状况》白皮书显示，2023年，法院新收各类知识产权案件9.1万件，审结9.5万件，广东全面强化知识产权全链条保护，知识产权司法保护力度持续加大。同时，知识产权行政保护成效明显，协同保护更加高效有力。

加强在知识产权创造、运用、保护和贸易方面的国际合作，建立完善知识产权案件跨境协作机制，加强粤港澳大湾区知识产权交流合作、加强知识产权海外纠纷应对机制建设、创新知识产权政务服务等方面不断推进，知识产权保护工作持续强化。2023年，广东省市场监管局（知识产权局）与澳门经济及科技发展局签署《粤澳知识产权合作协议（2023—2024）》，与香港知识产权署加快落实合作项目，累计开展粤港、粤澳合作项目410项。包括联合港、澳知识产权部门举办"第五届粤港澳大湾区高价值专利培育布局大赛""首届粤港澳大湾区（广东）高价值商标品牌培育大赛"等。2021年，广东新成立国家海外知识产权纠纷应对指导中心佛山分中心，与国家海外知识产权纠纷应对指导中心广东、深圳分中心一道，加强海外知识产权风险预警，为企业遭遇的海外知识产权侵权诉讼、跨境电商平台知识产权纠纷等案件提供指导服务。此外，广东推广海外侵权责任险，中国人保财险粤港澳大湾区知识产权保险中心挂牌成立，首单海外侵权责任险赔付业务落地广州。

不断丰富、发展和完善有利于激励创新的知识产权保护制度。近年来，广东各地积极探索并构建知识产权保护新模式，取得了长足进步。深圳修订《深圳经济特区加强知识产权保护工作若干规定》，首次出台知识产权保护类的资助政策，设立涉外知识产权维权、知识产权大数据监测等资助措施，并出台全国首个企业境外参展知识产权预警指引地方标准；珠海建立知识产权"海关易保护"机制；佛山实施"清风"计划，联合禅城区和南庄镇构建建材行业快速维权中心；中山设立远程诉讼服务处———广州知识产权法院远程诉讼服务处；汕头建立广州知识产权法院汕头诉讼服务处。各地市强化知识产权保护举措，不仅对地方整体的保护工作起到了良好的推动作用，更进一步加强了全省的知识产权保护力度。广东省知识产权保护中心对广东省知识产权服务机构组织开展统计调查显示，截至2021年底，广东省知识产权服务机构发展到近2万家，约占全国的1/4，从业人员约21万人，占全国从业人员的23.1%，积极加强人工智能、大数据、云计算、区块链、网络通信等数字技术服务建设，开展知识产权代理、咨询、信息和法律等服务。2022年广东省专利授权83.73万件，商标注册114.39万件，著作权登记29.44万件，均位居全国第一。截至2022年底，广东省发明专利有效量达53.92万件，连续13年保持全国首位，其中高价值发明专利有效量达26.07万件，成为全国第一。广东省累计PCT国际专利申请量达25.76万件，居全国首位。在第二十三届中国专利奖评选中，广东省获奖的261项中有金奖8项，获奖总数连续五年位居全国第一。

粤港澳大湾区社会治理体系建设的新突破

CHAPTER 6

粤港澳大湾区是我国开放程度最高、经济活力最强的区域之一。2022年末，粤港澳大湾区总人口约8630.11万人，人口的聚集不仅带来了经济发展活力，同时也形成了多元的社会群体构成和多样的社会需要。如何有效回应差异化的群体诉求，让人民群众共享粤港澳大湾区发展的成果成为粤港澳大湾区社会治理体系的重要任务。新时代粤港澳大湾区社会治理始终以习近平新时代中国特色社会主义思想为根本遵循，持续推动社会治理创新实践，实现社会治理体系新突破。

 一 新时代粤港澳大湾区社会治理创新的理论遵循

社会治理体系是国家治理体系的重要组成部分，推动社会治理体系建设是实现国家治理体系和治理能力现代化的应有之义。党的十八大以来，国家治理体系和治理能力现代化成为提升改革系统性、整体性、协同性的关键，并由此推动着社会治理的理论创新。这些都为新时代粤港澳大湾区社会治理创新提供了理论遵循，并体现在具体的政策设计与工作部署中。

（一）推进国家治理体系和治理能力现代化

2013年11月，党的十八届三中全会在《关于全面深化改革若干重大问题的决定》中，首次将完善和发展中国特色社会主义制度，推进国家治理体系和治理能力现代化作为全面深化改革的总目标。2019年10月，党的十九届四中全会审议通过《中共中央关于坚持和完善中国特色社会主义制度 推进国家治理体系和治理能力现代化若干重大问题的决定》，在总结我国所取得的巨大成就和所体现的治理优势的同时，回答了我国的国家制度和治理体系应该"坚持和巩固什么、完善和发展什么"这个重大政治问题，继续对完善国家治理体系和治理能力现代化进行了顶层设计。

2020年10月，党的十九届五中全会通过的《中华人民共和国国民经济和社会发展第十四个五年规划和2035年远景目标纲要》强调，基本实现国家治理体系和治理能力的现代化是2035年我国发展的远景目标之一。2021年11月，党的十九届六中全会通过《中共中央关于党的百年奋斗重大成就和历史经验的决议》，在总结党的百年历史经验的基础上，提出力争到本世纪中叶建成社会主义现代化强国，政治文明、物质文明、精神文明、生态文明、社会文明全面提升，实现国家治理体系和治理能力现代化。[①]党的二十大则描绘了全面建设社会主义现代化国家、以中国式现代化全面推进中华民族伟大复兴的宏伟蓝图。其中，深入推进国家治理体系和治理能力现代化是未来五年的主要目标任务。不难发现，国家治理体系和治理能力现代化的战略意义在历届党的会议中被突显，并成为社会主义现代化强国建设的重要内容。

与此同时，基层治理是实现国家治理体系和治理能力现代化的基石。一方面，基层治理更是社会治理的基本单位，是党、国家与人民直接相遇的重要场景。在这个意义上来说，社会治理创新需要以基层治理创新为抓手。另一方面，社会治理是基层治理的关键维度，社会治理的效果影响着人民群众的生活体验。由此，实现基层治理体系和治理能力的现代化为推动社会治理创新提供坚实的根基。2021年，《中共中央 国务院关于加强基层治理体系和治理能力现代化建设的意见》（以下简称《意见》）出台，从完善党领导基层治理制度、加强基层政权治理能力建设、健全基层

---

① 《中共中央关于党的百年奋斗重大成就和历史经验的决议》，中国政府网2021年11月16日。

群众自治制度来统筹推进城乡社区治理。《意见》的出台细化了基层治理工作开展的主要任务，为国家治理体系和治理能力现代化延伸到基层提供了具体的工作指导和发展方向。

总体来说，国家治理体系和治理能力是一个国家制度和制度执行能力的集中体现。国家治理体系和治理能力现代化的提出既是党承前萌新、积极适应时代变化、应对时代机遇挑战的有力回应和创新，又是推进社会主义现代化强国建设、把党的制度优势转化为治理效能的必然要求，充分体现了中国特色社会主义制度的优越性。深入推进国家治理体系现代化为推进中国式现代化提供制度保障，为推进中国式现代化提供强大动力，为确保中国式现代化沿着正确方向行稳致远保驾护航。由此，国家治理体系和治理能力现代化的提出为社会治理创新提供了理论支撑和指导思想。当然，党的十八大以来，关于社会治理体系建设也形成了一系列新思想、新观点和新论断，用以指导新时代社会治理实践。

（二）关于社会治理的重要论述

党的十八大以来，推动社会治理理念转变和理论创新成为党领导社会工作的重要体现，这也成为粤港澳大湾区社会治理创新的基本原则和行动指南。具体来说，党的十八届三中全会首次提出"社会治理"这一概念，围绕全面深化改革的总目标，从改进社会治理方式、激发社会组织活力等方面提出要创新社会治理体制。从社会管理向社会治理的转变也充分体现了党的执政理念发生重大变化。与社会管理不同的是，社会治理的提出既明确了多元主体参与社会治理的重要性，更突显了社会治理体制机制创新的必要性。习近平总书记指出："社会治理是一门科学，管得太死，一潭死水不行；管得太松，波涛汹涌也不行。要讲究辩证法，处理好活力和秩序的关系，全面看待社会稳定形势，准确把握维护社会稳定工作，坚持系统治理、依法治理、综合治理、源头治理。"①

2015年，党的十八届五中全会提出"构建全民共建共享的社会治理格局"。新时代中国特色社会治理的思路和布局开始基本显现。2017年，党的十九大报告进一步丰富新时代中国特色社会治理的内涵，提出要"打造共建共治共享的社会治理格局。加强社会治理制度建设，完善党委领导、政府负责、社会协同、公众参与、法治保障的社会治理体制，提高社会治理社会化、法治化、智能化、专业化水平"。从"共建共享"到"共建共治共享"的转变彰显了激发多元社会主体活力的重要意义，并为社会治理方式创新提供了理论依据。

党的十九届四中全会明确提出，"必须加强和创新社会治理，完善党委领导、政府负责、民主协商、社会协同、公众参与、法治保障、科技支撑的社会治理体系，建设人人有责、人人尽责、人人享有的社会治理共同体"。不难发现，民主协商、重视新技术的发展、让技术赋能社会治理被纳入社会治理体系中。从社会治理水平的提高向社会治理共同体建设的转变，充分体现了新时代中国特色社会治理以服务人民为根本宗旨，把增进人民福祉、促进人的全面发展作为根本出发点和落脚点，坚持全心全意为人民服务，实现好、维护好、发展好最广大人民的根本利益，从而真正满足人民群众对美好生活的向往。

与此同时，党的十九届四中全会还明确提出，"加快推进市域社会治理现代化"。由此，市域社会治理被纳入社会治理体系予以统筹考量。2019年12月，全国市域社会治理工作会议随即召开。此次会议对于市域社会治理的内涵、主要定位、重要意义、重点工作进行了进一步的明确和部署。市域社会治理作为连接城市与乡村的结合体，已成为统筹城乡一体化

---

① 《习近平出席中央政法工作会议并发表重要讲话》，《人民日报》2014年1月9日。

发展的重要治理单元。市域社会治理的提出旨在发挥市域对上承担中央部署、对下指导基层工作的优势，在防范社会风险、化解社会矛盾、维护社会安全稳定、满足人民群众新需要等方面的优势，不断提高市域社会治理现代化水平。

党的十九届五中全会从市域社会治理、基层社会治理、社会治理制度等方面明确了"十四五"期间社会治理的主要任务和社会治理创新的目标。党的二十大报告中指出，要"健全共建共治共享的社会治理制度，提升社会治理效能"。还需要指出的是，"加快推进市域社会治理现代化，提高市域社会治理能力"同样在党的二十大报告中予以明确。由此，实现社会治理现代化的理念、思路、治理体系、治理方式得以持续地清晰和深化。

中央关于社会治理的思路转变、总体目标和战略布局的实现需要地方层面予以落实。粤港澳大湾区始终以党中央对于社会治理的理论创新和战略部署为工作出发点和落脚点，结合大湾区发展实际和地区特色，积极推动社会治理创新，全心全意依靠人民群众，激发人民的主体意识，凝聚人民的智慧。

（三）粤港澳大湾区推进社会治理创新的相关政策

《规划纲要》在《建设宜居宜业宜游的优质生活圈》一章中明确指出要"促进社会保障和社会治理合作"。在《规划纲要》的指导下，粤港澳大湾区积极探索社会治理创新路径，这集中体现在贯彻落实中央重大决策部署、加强社会治理创新的地方设计、夯实社会稳定根基、持续完善公共服务供给水平和质量等诸多方面。国家的政策指引和地方的有益尝试为粤港澳大湾区社会的和谐稳定、繁荣发展提供了有力保障。

首先，贯彻落实中央重大决策部署，积极推动重大平台的社会治理创新。由前海、横琴、南沙、河套构成的重大合作平台旨在支持港澳更好地融入国家发展大局，是推动"一国两制"发展的新实践。前海坚持党建引领，成立多元化纠纷解决中心六大分中心，通过整合粤港澳纠纷解决资源、建设纠纷解决平台、创新诉源治理模式，推动跨境纠纷的有效解决。①粤港澳大湾区开放的市场环境决定了跨境商事纠纷的形成，前海诉源治理模式创新为消解跨境社会矛盾提供了有益探索。与此同时，深圳市中级人民法院出台了《关于深入推进诉源治理工作的实施方案》，统筹推进非诉讼纠纷解决机制挺在前面，旨在从基层化解各类社会矛盾。《横琴粤澳深度合作区建设总体方案》要求横琴要"加快推进'澳门新街坊'建设，对接澳门教育、医疗、社会服务等民生公共服务和社会保障体系，有效拓展澳门居民优质生活空间"。实践中的"澳门新街坊"是集教育、医疗、社区服务、环境卫生等于一体的综合性民生项目，目标是全力打造优质宜居社区。目前，该项目占地面积约62万平方米，共有27栋住宅，配备各类生活服务设施。

其次，加强社会治理创新的地方设计，统筹规划和布局社会治理工作。2022年6月，深圳市人大常委会审议通过《深圳经济特区社会建设条例》。该条例秉持"社会治理的加强与创新应当树立全周期管理"的理念，在突出教育、就业、住房等民生事务的基础上，重点关注矛盾纠纷化解、社会治安防控、公共安全保障等领域，明确社会治理的基本原则和方法，②旨在推进社会建设与经济建设、政治建设、文化建设、生态文明建设协调发展，建设共建共治共享共同富裕的民生幸福标杆城市。《佛山市

---

① 多元化纠纷解决中心六大分中心包括国际贸易案件多元化纠纷解决分中心、大湾区案件多元化纠纷解决分中心、国际投资案件多元化纠纷解决分中心、民营小微企业案件多元化纠纷解决分中心、新兴金融案件多元化纠纷解决分中心、自贸区案件多元化纠纷解决分中心。
② 《深圳经济特区社会建设条例》，深圳市人大网2022年8月8日。

关于推进平安乡村（社区）建设的实施方案》出台，以平安乡村建设为契机，完善乡村社会治理的体制机制。东莞围绕党的基层组织建设，出台了《关于构建基层组织新体系强化党建引领基层治理作用的意见》等文件，大力整顿基层党组织宽松软的问题，实现村民小组党组织全覆盖和全市1114个住宅小区党组织全覆盖。珠海被纳入第一期全国市域社会治理现代化试点工作中。为了更好地推进相关工作，珠海出台了《关于构建基层社会治理新格局的实施意见》《珠海市城乡社区治理示范点建设工作方案》《关于全面打造基层社会治理"珠海模式"的实施方案》等一系列文件，以不断优化完善社会治理的制度安排。粤港澳大湾区内的多个城市出台文明行为促进、无障碍城市建设等相关社会建设条例，力求把社会治理落小、落细、落实。

再次，夯实社会稳定根基，确保社会治理行稳致远。维持社会秩序的稳定是粤港澳大湾区社会治理创新的前提。2021年9月，为了防范和化解社会风险，广州市通过了《广州市平安建设条例》，这是广东省第一部关于平安建设的地方性法规。关注城市基础建设、扫黑除恶等重点防治，通过建立有效协商机制，促进社会矛盾化解，扩大社会参与，并建立一套完整的考评制度进行有力监督。

最后，持续完善公共服务供给水平和质量，制定符合粤港澳大湾区发展实际的公共服务措施。2020年7月，广东省印发《关于因地制宜发展共有产权住房的指导意见》，明确提出将在粤工作和生活的港澳居民纳入共有产权住房的供应范围，以进一步扩展港澳居民在粤港澳大湾区的居住选择。2021年4月，广州市制定了《支持港澳台青年来穗发展"乐居广州"住房保障实施方案》，支持符合购房条件的港澳居民购买商品住房，支持符合申购条件的港澳青年购买共有产权的住房，鼓励符合条件的港澳青年申请租住人才公寓。此外，2023年2月，《中山市公共法律服务促进和保障办法》发布，从搭建公共法律平台、提供基本公共法律服务、优化多元化专业化公共法律服务这几方面完善公共法律体系建设，提升公共法律服务能力和水平，满足社会治理过程中人民群众日益增长的法律服务需求。与此同时，为推动公共文化服务高质量发展，广州于2022年启动了基层公共文化共同体试点建设。2023年6月，广州市《关于在全市开展"公共文化共同体"建设的实施意见》实施，以此推动公共文化服务资源的优化配置、平台的共建共治共享和公共文化品质的提升。

总体来说，党的十八大以来，党中央将社会治理作为国家治理体系和治理能力现代化的重要组成部分予以统筹规划，始终坚持以理论创新指导实践创新，为社会治理发展提供有益指导。为了更好地贯彻落实党中央的最新思想和决策部署，粤港澳大湾区内的城市不断出台与社会治理领域相关的政策文件，以制度化的方式，有组织地进行社会治理创新。

▼ 二　推进社会保障合作

社会保障是改善民生、维护社会公平、增进人民福祉的基础性支撑。《粤港澳大湾区发展规划纲要》明确提出要"推进社会保障合作"。更为重要的是，粤港澳大湾区作为国家立足全局和长远作出的重大谋划，是跨越不同经济社会制度、涵盖不同发展水平城市的特殊区域。这也使得推进区域内社会治理合作特别是社会保障合作变得尤为重要，以期通过合作来消解区域内的制度差异。粤港澳大湾区主要从探索社会保障同等待遇、跨境公共服务衔接、深化养老服务合作等方面进行统筹规划，推动粤港澳大湾区宜居宜业宜游的优质生活圈建设。

（一）社会保障同等待遇

推动社会保障实现同等待遇，既是大湾区坚持以人民为中心的发展思想的体现，又是进一步贯彻落实《粤港澳大湾区发展规划纲要》，更是推动粤港澳大湾区社会保障发展的重要举措。粤港澳大湾区社会保障同等待遇旨在打通社会保险、就业、住房、养老等诸多领域的制度壁垒，进而实现大湾区内社会保障领域的制度、标准等一体化。

就社会保险来说，2021年5月，《广东省灵活就业人员参加企业职工基本养老保险办法》颁布。该办法明确指出，港澳籍灵活就业人员可享受广东户籍居民的同等待遇。即可凭港澳台居民居住证在广东的居住地参加企业职工基本养老保险，或者凭借广东省就业登记证明在广东省内就业地参保，与此同时，港澳居民可在内地享受企业职工基本养老保险，实现养老金的跨境领取。截至2023年2月底，港澳居民在粤参加养老、工伤、失业保险共30.62万人次。[①]港澳人士除了可获得参保资格外，2022年1月，《广东省人力资源和社会保障事业发展"十四五"规划》印发。在该规划中，进一步提出建立以社会保障卡为载体的居民服务"一卡通"，实现社会保障卡在广东省内通办通用。目前，"湾区社保通"政策已经逐步落地，并且开通跨境金融交易业务，22家合作银行社保卡支持在港澳地区消费、取现、查询等金融交易应用。"湾区社保通"在香港开设7个广东社保服务点，全省共建成189个"湾区社保通"服务专窗，港澳地区84个社保服务网点，以最大化便利港澳居民办理社保相关业务。[②]社会保险的联通进一步便利了大湾区内的人口流动。

在就业保障领域，港澳居民可同等享受就业创业扶持政策和服务。目

---

① 《粤社保局：逾30万人次港澳居民参加广东养老、工伤、失业保险》，中国新闻网2023年4月6日。

② 《粤澳社保服务"一窗办"》，《南方日报》2023年3月24日。

前在粤纳入就业登记管理的港澳居民超过8.51万人。2021年，香港特区政府实施"大湾区青年就业计划"，鼓励在粤港澳大湾区内有业务的企业聘请香港的大学毕业生到大湾区的内地城市工作。与此同时，在大湾区内地城市工作的港澳青年可以同等享受就业创业补贴，也可报考大湾区内地九市事业单位。广州市已经建成港澳青年创新创业基地52个，支持1600多个港澳创业项目，吸引2000多名港澳青年来穗创新创业。

与此同时，粤港澳大湾区的内地城市还出台了相关福利政策来支持港澳居民在内地定居。2022年12月，珠海发布全省首部以规范居家养老服务为主旨的地方性法规，即《珠海经济特区居家养老服务促进条例》。该条例明确规定，让港澳居民享受与珠海市民同等居家养老服务待遇。在惠州创业就业的港澳居民可享受同等商业贷款购房资格，符合条件的港澳居民还可缴纳公积金并用于购房。港澳青年还可在惠州同等享受保障性租赁住房的各项权利。总体来说，社会保障同等待遇确保了港澳居民在内地享有同等的发展权利和发展机遇，并提供了兜底性的保障机制，在制度层面解决港澳居民在内地发展的后顾之忧。

（二）跨境公共服务衔接

开展跨境公共服务衔接的动力来自消除因要素流动、制度衔接不畅、机制对接不准等困境，使得以教育、医疗为代表的公共服务实现跨境衔接，使粤港澳大湾区居民能够真正享受到因为区域开放而带来的民生福祉。

一方面，全面深化粤港澳大湾区多层级教育体系融合发展。《粤港澳大湾区发展规划纲要》强调，鼓励港澳青年到内地学校就读，推进粤港澳职业教育在招生就业、培养培训、师生交流、技能竞赛等方面的合作，加强基础教育交流合作。近年来，流入深圳等大湾区内地城市的港澳人士增加，对于优质基础教育资源的需求呈爆发式增长。以广州、深圳为首的内地城市加强与香港、澳门的合作联动，积极为港澳籍适龄青少年儿童在粤就读提供多元化且高质量的基础教育公共服务，通过大力支持建设优质私立学校、港澳子弟学校和开办港澳子弟班，满足多样化入学需求。其中，深圳香港培侨书院龙华信义学校等共建基础教育项目顺利推进。该类学校的班级按照港澳进行课程设置，向大湾区港澳台籍学生提供学位，一定程度上满足了港澳学童跨境入学、港澳籍中小学生在大湾区内地城市接受教育的需求。广州实施"五乐（乐游、乐学、乐业、乐创、乐居）计划"。其中全市共设有77个港澳子弟班，缔结穗港澳姊妹学校371对，广州暨大港澳子弟学校和南沙民心港人子弟学校落成并开学。

优质的高等教育既是粤港澳大湾区的优势，也是粤港澳大湾区教育合作的重点。2020年，教育部、广东省印发《推进粤港澳大湾区高等教育合作发展规划》，积极探索建立大湾区高等教育协同发展、协同育人体系。香港特区政府教育局与广东省教育厅签署《关于加强粤港教育交流与合作框架协议》，鼓励粤港高等院校继续开展办学合作，推进粤港两地兄弟学校建设，促进各类交流活动，提高活动交流质量。北京师范大学—香港浸会大学联合国际学院落地珠海，成为内地与香港合作办学的第一所大学。随后，香港科技大学（广州）、香港中文大学（深圳）等港澳高校在内地设立分校。香港大学、香港城市大学、香港都会大学在内地办学的项目正在持续推进中。广州医科大学与澳门镜湖护理学院开展本科护理学专业人才"2+2"联合培养项目。与此同时，广东省高校扩大招收港澳本科生和研究生的规模。由中山大学、香港中文大学、澳门大学发起成立的粤港澳高校联盟有三地37所高校参与，为粤港澳大湾区的教育交流搭建了桥梁。

职业教育为吸引港澳青年在大湾区就业、创业提供发展机遇。广州市牵头成立了粤港澳大湾区旅游职业教育联盟、粤港澳大湾区职业教育研究中心等平台，举办穗港澳台四地技能节等活动，加强与港澳地区职业教育机构的合作。同时，市属各高职院校积极将人才培养和技能服务扩展到港澳地区，以此不断深化与香港、澳门在职业教育领域的务实合作，共同构建大湾区高质量职业教育体系。2023年3月，深圳职业技术学院和香港职业训练局合作共建了首个粤港澳大湾区特色职业教育园区。总体来说，港澳与内地教育交流蓬勃发展态势明显，更深层次教育融合发展趋势开始显现。

另一方面，破解制度困境，促进优质医疗资源的共享。为克服粤港澳大湾区医疗保障体系和政策待遇的差异，突破三地之间的体制机制障碍，解决人口密度高度集中的区域医疗需求，粤港澳大湾区医疗服务一体化正在持续推进中。2021年，"港澳药械通"正式落地，其旨在从进口审批、境外采购、进口通关、临床使用等多方面放松限制，进而加速粤港澳大湾区医疗资源的互联互通。据统计，在"港澳药械通"的政策支持下，获得批准的临床急需进口药品26个，临床急需进口医疗器械17个。粤港澳大湾区成为全国第一个运用"境外持有+境内生产"的模式来推动港澳药品在内地的生产。香港位元堂药厂有限公司的"麝香活络油"在内地投产并销售。澳门中成药在内地上市的进程同样也在加快进行中。与此同时，《关于支持在横琴粤澳深度合作区使用澳门地区已上市部分药品的工作方案》印发。该工作方案中的药品涵盖了澳门绝大多数的上市药品，旨在为在横琴粤澳深度合作区生活的澳门居民提供更便捷的医疗服务。

2021年4月，深圳出台《关于加快推动医疗服务跨境衔接的若干措施》，旨在加大深港两地政府在跨境养老医疗上的合作力度。在该政策的支持下，全市共开设了11家港澳资医疗机构，其中7家医院是为香港病人提供转诊服务的定点医院。港大深圳医院成为港澳台居民以及外籍人士首选的医疗机构。港澳居民可在内地使用"长者医疗券"和"在粤患者复诊特别援助计划"。符合规定的香港长者可以使用香港特区政府发放的医疗券支付港大深圳医院指定科室提供的门诊医疗护理服务的费用，由香港卫生署与港大深圳医院共同结算。该院同样被纳入"港澳药械通"政策指定试点医院。此外，深港两地已经实现电子病历互通。

总体来说，跨境公共服务衔接推动了粤港澳三地优质公共服务资源更自由地跨境流通，打通了大湾区内公共服务的制度区隔，促进大湾区内地城市公共服务管理体制机制同港澳相衔接，为粤港澳大湾区居民共享高质量的公共服务，为港澳医疗卫生服务提供主体来内地办医提供便利。

（三）深化养老服务合作

我国正在步入老龄化社会，港澳也皆为长寿社会，平均寿命达84岁以上。与此同时，香港养老资源特别是养老床位紧张的困境日益凸显。更进一步来说，老龄社会对于医疗、养老、住房、基础设施等公共服务和公共设施提出了更高的要求。随着粤港澳大湾区的建设与发展，三地往来密切、融合发展，港澳老人养老逐渐有了新选择，珠海、江门等大湾区内地城市逐渐成为许多港澳老人养老的首选之地。相比香港、澳门，粤港澳大湾区的内地城市土地资源和人力资源相对丰富，基础设施建设成本较低，服务供给潜力强，既能够满足老年群体对老年居所和基础设施的需求，又能填补专业照护人员的空缺。港澳则有先进的医疗条件和丰富的社会养老服务经验，可为内地提供优质且丰富的资源支撑。目前，粤港澳大湾区深化养老服务合作已经初见成效。

首先，搭建制度框架和细化政策设计为粤港澳大湾区养老服务合作营造良好的政策环境。2019年11月，《广东省加快推进养老服务发展若干措施》出台，明确提出要深化粤港澳养老服务合作，支持港澳养老服务提供者在广东按规定以独资、合资或合作等方式兴办养老机构，同等享受境内民办养老机构待遇。[①]据统计，目前全省共有注册登记养老机构1941家，养老床位46.76万张，共建有城乡社区养老服务设施逾2.2万个。[②]2023年5月，香港特区政府与广东省民政厅签署《关于共同推进粤港两地养老合作的备忘录》（简称《备忘录》）。该备忘录的签署旨在推动粤港两地在产业、人才、标准制定等方面的沟通交流，进而有效解决两地养老服务困境。

广州南沙以其地理区位、国家战略布局和地方政策支持等优势，成为探索跨境养老服务的重要地区。广州市民政局印发的《支持南沙区打造粤港澳大湾区（广东省）民政领域改革创新示范样板的实施方案》中强调，南沙将全面放开养老服务市场，对养老机构的设立实施备案管理，鼓励港澳养老服务企业和专业社会组织深度参与社区居家养老服务、机构养老服务等各项事业。2023年7月，广州市南沙区民政局与香港安老服务协会签订《框架性合作协议》，双方承诺就打造、互通优质养老品牌、培训港式养老服务、建设港式养老院等方面开展合作，建立常态化沟通机制和联合工作小组，进一步推动养老领域机制衔接，推动两地养老服务融合发展。2023年10月，粤港澳大湾区（南沙）养老服务联合体成立。该联合体由30多家单位组成，港澳专业的社会服务机构也参与其中。联合体通过在养老人才培养、养老服务专业培训、养老服务供给等方面展开合作，旨在回应地区养老服务需要，进而为跨境养老方式提供新方案。

与此同时，制定粤港澳大湾区养老服务标准，为进一步规范和推进养老服务一体化进程提供指引。2020年7月，广东省民政厅出台《养老机构认知症老年人照顾指南》。这是粤港澳大湾区养老领域的首个标准，为粤

---

① 《广东省加快推进养老服务发展若干措施》，广东省人民政府门户网站2019年11月20日。
② 《实施积极应对人口老龄化国家战略 着力推动养老事业与产业高质量协同发展》，广东省民政厅网站2022年2月16日。

港澳大湾区的养老机构提供认知症老年人长期优质的生活照护服务作出了细致指引,推动养老服务领域的细分和完善。与此同时,广东已经制定与养老服务相关的标准有4项,均纳入"湾区标准"清单中。

其次,推动养老服务事业与产业融合发展。港澳养老服务合作的开展离不开产业支撑,以更好地激发市场活力、回应多元化的养老服务需求。一方面,粤港澳大湾区康养产业平台正在兴起。由大湾区"9+2"城市组成的粤港澳大湾区康养产业发展联合体正式成立。目前,由香港服务提供者开设或运营的养老机构在广东有7家,有2家参与香港社会福利署推行的"广东院舍住宿照顾服务计划"①。另一方面,养老服务事业的巨大需求也推动养老金融业的发展。目前,泰康人寿、中国太平等多家保险企业开始推出以保险产品为主要内容的养老服务,其主要是保障在香港购买相关保险产品的客户可以获取入住指定内地养老社区的资格。比如,泰康人寿香港子公司已经成为融保险和医养产业一体化发展的保险公司,其在运营的养老社区有3个。

最后,完善社区居家养老服务网络,构建家养、医养相结合的养老服务体系。2020年,广州"'小饭堂'出品'大文章'"、深圳"创新人才培养机制 破解人才培养'瓶颈'"入选民政部办公厅、财政部办公厅发布的全国居家和社区养老服务改革试点工作优秀案例,目前,广东全省共打造172个城市居家养老服务示范点、建设社区养老服务设施1.2万余个,共有医养结合机构318家,全省提供上门医疗卫生服务的机构超过1万家,超七成65周岁以上老人签约家庭医生。2023年4月,《广州市南沙区公办养老机构入住本区港澳老年人实施方案》印发实施,向港澳老年人开放南沙区公办养老机构床位,首批专项提供给港澳老年人的50张养老床位设置

---

① 该计划是指由香港特区政府社会福利署出资购买这两家养老机构的服务,让正在香港轮候养老床位的老人自愿选择入住。

在南沙区养老院内，港澳老年人入住享受与南沙区户籍老年人同等普惠价格。2023年2月，《珠海经济特区居家养老服务促进条例》提出将探索持有港澳居民居住证并常住珠海市的香港、澳门老年人享受珠海市居家养老相关的基本公共服务。粤港澳大湾区深化养老服务，是发挥各自优势、实现互补协同、互利共赢的有效发展路径。总体来说，深化粤港澳大湾区养老服务合作不仅有利于满足日益增长的养老需求，而且还将激活大湾区医疗养老产业，促进养老服务业的创新合作，为港澳和内地提供大量的就业机会，提高大湾区整体社会发展水平。

推动社会保障的多领域合作，开展跨境公共服务有效促进了粤港澳三地公共资源的互联互通和社会治理体制机制的有机融合。跨境养老合作不仅纾解了港澳社会养老压力，满足港澳居民多元的养老需求，也激发了内地城市经济发展活力，医养产业正在蓬勃发展，民生事业稳步提升。

▼三 深化社会治理合作

《粤港澳大湾区发展规划纲要》中强调，要"深化社会治理合作"。粤港澳大湾区是具有全球影响力的世界级城市群，也是我国对外开放的重要窗口和"一带一路"倡议的重要支撑区。深化粤港澳大湾区社会治理合作，为实现大湾区高质量发展营造稳定的社会环境。更为重要的是，社会治理合作的实现以政府服务能力提升为重要前提，以扩展社区综合服务为主要内容，以加强社会治安联动为保障，全面深化粤港澳大湾区社会治理合作。为深入贯彻落实《粤港澳大湾区发展规划纲要》的决策部署，粤港澳大湾区围绕社会治理合作推出了一系列改革举措，最大程度地满足大湾区人民日益增长的需要，推动社会治理现代化，构建和谐稳定的社会环境。

（一）提升政府服务能力

政府是社会治理的重要参与主体，更是公共服务的主要提供者，其服务能力直接影响到社会治理的效能和质量。政府服务能力对社会治理的意义在于，一是，匹配地方发展实际。粤港澳大湾区有着复杂的社会结构、差异化的制度安排和超大规模的治理体量，这些都使得政府服务能力特别是公共服务能力不仅是社会治理的基础和保障，更是关系到社会治理的全局和长远发展。二是，推动粤港澳大湾区社会治理能级的提升。政府服务能力对于建设粤港澳大湾区融合发展的社会治理体制起着重要作用，从而为跨域社会治理创新提供治理样本。在社会治理合作领域，粤港澳三地政府积极推进数字化政府建设，利用信息技术和大数据，提升政府服务的智能化和便捷化水平，为三地居民带来更多便利。充分动员和激发多元社会主体活力，搭建多元治理架构，以更好地释放社会治理效能。

一方面，以数字政府建设提高公共服务效率。首先，强化数字政府建设的制度支撑。《2023年粤港共建智慧城市群合作任务清单》已经印发，《粤澳共建智慧城市群合作协议》正在推进。以"数字湾区"建设带动广东"数字政府2.0"建设。其中，优化政务服务流程、创新工作方式成为广东"数字政府2.0"建设的工作要点之一。其次，以行政效率提高促进公共服务流程优化。"粤系列"政务服务平台得到广泛推广使用。广东在全国率先推出小程序"粤省事"。截至2019年7月累计上线687项服务，其中597项实现"零跑动"，日均访问量达915万人次。"粤智助"政府服务自助机已实现行政村覆盖率100%。"i深圳"APP上线人才引进秒批服务，零费用、零排队、全时在线、自动审批，受益应届毕业生超12万。此外，"粤港澳大湾区一码通""粤港澳大湾区电子身份认证平台"等平台为民众提供跨境通行、身份认证、政务服务等方面的服务。目前，全省有300

项高频政务服务事项可以实现"跨省通办、省内通办"。这使得粤港澳大湾区居民办事更方便快捷，同时也在群众反馈中得以确认。根据《南方都市报》的一项调查显示，"超八成受访者认为在现居住地办理政务事项便利，且近三年政务服务效率有所提升"[①]。最后，改善公共服务供给方式，推动线上线下联动的服务供给。推动"互联网+"与教育、医疗等民生服务的融合发展。特别是依托跨境通办平台提供更多优质公共服务。

另一方面，在改革与创新中激发社会治理的活力。粤港澳三地政府充分发挥多元主体参与社会治理的优势，推动政府、企业、高校、智库、社会组织等多方合作，形成"五社联动"机制。江门将全市划分成2954个"智慧网格"，配置4022名专职网格员，整合已建成的党群服务中心和公共服务站，夯实网格服务管理根基。与此同时，广州互联网法院实行"24小时不打烊"诉讼服务，当事人可以随时提交立案申请，开发应用新技术开展在线诉讼。广州互联网法院还建立了全国首个跨港澳在线纠纷多元化解平台。该纠纷化解平台由37个调解机构和包括港澳特邀调解员在内的554位调解员构成，审理涉及港澳地区的案件是其重要业务之一。

总之，以数字技术为驱动的政府服务能力提升能够优化社会治理的决策能力，进一步提高社会治理的精准性和有效性。粤港澳三地社会治理合作还需要进一步突破制度、法律、文化等方面的差异与障碍，在加强沟通协调的基础上创新合作模式、完善合作机制，推动社会治理合作向纵深发展，为建设世界级城市群和美好优质生活圈奠定坚实基础。

（二）拓展社区综合服务

社区作为国家治理体系的基础单元，是联系政府和居民的桥梁和纽

---

① 《南方民调显示：超八成受访者认为近年大湾区政务服务效率提升》，《南方都市报》2022年3月24日。

带，是社会治理的重要载体和平台。社区作为基层治理体系和治理能力现代化的基本单位，其公共服务质量、社会治理水平直接影响居民的体验感和满意度。因此，社区综合服务是指社区为居民提供的涵盖教育、医疗、养老、文化、体育、法律、环保等多方面的服务，旨在满足居民的多元化需求，提升居民的生活质量，促进社区的和谐发展。开展社区综合服务，有利于满足居民的多元需要，增强社区的凝聚力，提高社区的自治能力和服务能力。更为重要的是，粤港澳大湾区内城市间在社会发展制度、服务资源等方面存在差异，开展社区综合服务，有利于推动大湾区的社会融合和协调发展。基于此，粤港澳大湾区积极拓展社区综合服务，提升基层社会治理水平。

坚持党建引领，探索社区综合服务治理模式创新。党建引领社区综合服务模式创新本质上是将党的政治优势和组织优势转化为基层治理效能，解决人民群众愁难急盼的问题。广州南沙积极打造"五红五联"①党建品牌。其中，广州市南沙区百民社会工作服务中心党支部通过配置专职工作人员做好港澳台居民以及外籍人士的服务。不难发现，党建引领国际化社区治理成为粤港澳大湾区基层党建工作的重要内容。在党支部指导下组建的专职服务团队一方面通过走访调研摸底港澳台以及外籍居民的实际需求，并开通咨询热线解答他们的日常生活问题；另一方面，根据居民的文化背景和兴趣爱好，用定期组织丰富多彩的社区活动、开设特色课程等方式来增进居民间的相互了解，促进社区有序融合发展。

加强规划协同和信息交流。粤港澳三地政府共同推进《粤港澳大湾区发展规划纲要》的落地，制定了社区综合服务的目标、参与主体和实施机

---

① "五红"是指"红色堡垒、红色头雁、红色先锋、红色阵地、红色平台"，强调社会组织党组织的引领作用。"五联"是指"联组织、联党员、联群团、联平台、联群众"以开展社会治理服务。

制等规范，为大湾区社区综合服务合作提供了统一的指导和依据。与此同时，粤港澳三地政府建立了多层次、多渠道的信息交流机制，及时分享社区综合服务的数据、经验和政策，拓宽了社区综合服务的边界。

积极探索和优化社区综合服务供给方式。粤港澳三地政府在教育、医疗、养老等领域开展了一系列合作项目，为港澳居民提供了更多的便利和福利。例如，广东省实施了个人所得税优惠政策，为境外高端人才和紧缺人才大幅降低税负，吸引更多的人才到大湾区工作生活。2019年，《广东省推进粤港澳大湾区建设三年行动计划（2018—2020年）》明确提出，"在大湾区内地港澳居民比较集中的城乡社区，拓展社会综合服务功能"。2021年，首个社区港澳政务服务中心在广州番禺落地。成立该服务中心的原因，主要在于，番禺区祈福新村全域承担建设粤港澳大湾区首个宜居宜业宜游优质生活圈示范区任务。该示范区内有3万名港澳居民，同时还有来自107个国家和地区的居民聚集于此。如何服务好港澳居民和海外人员成为该示范区的重要任务。目前，社区港澳政务服务中心主要围绕老年人的配餐申请、出租屋管理、青年就业创业等具体公共服务展开，同时还承担相关日常生活、法律、投资、教育等方面的咨询服务。总体来说，粤港澳三地政府在开展社区综合服务方面取得了突出成效，有效整合并利用了湾区丰富的社会经济资源，为粤港澳合作和大湾区建设创造良好的社会环境。

（三）加强社会治安联动

粤港澳大湾区是高度开放、高度融合、高度创新的区域，面临着复杂多变的安全风险和挑战，需要提高风险防范水平和应对能力。更为重要的是，粤港澳大湾区的稳定和发展关系到国家安全和国家利益，关系到港澳长期繁荣稳定，关系到粤港澳三地人民的福祉。因此，加强粤港澳三地的社会安全合作变得尤为重要，其主要通过加强社会治安联动来实现。社会治安联动主要是指粤港澳三地在维护社会稳定方面开展一系列合作的过程，其旨在提高社会治安综合治理能力，打击跨境犯罪，以维护大湾区的法治秩序和社会稳定。

基于此，粤港澳三地探索出了社会治安联动的多种路径。一是建立联席会议机制。粤港澳三地政府分别设立了粤港、粤澳社会治安联席会议，定期召开会议，就社会治安形势、重大案件、执法合作等议题进行交流磋商，制订合作计划，协调解决合作中的问题。二是开展联合行动。粤港澳三地政府针对走私、贩毒、电信诈骗、网络犯罪、偷渡、赌博等跨境犯罪，开展了一系列联合行动，共享情报信息，协同侦查破案，共同打击犯罪，有效遏制了犯罪活动的蔓延。三是加强人员培训。粤港澳三地政府通过组织联合培训班、互派人员进修、开展专业交流等方式，加强了社会治安执法人员的培训和交流，提高了他们的业务水平和协作能力，增进了他们的相互了解和信任。

也正因如此，粤港澳三地的社会治安联动取得了诸多成效。首先，提高了社会治安水平。粤港澳三地政府通过社会治安联动，有效地预防和打击了各类跨境犯罪，维护了大湾区的法治秩序和社会和谐，保障了人民群众的生命财产安全，增强了人民群众的安全感和满意度。其次，以社会治安联动促进社会治理创新。粤港澳三地政府已经探索出了一些具有创新性、示范性的社会治安联动的模式和机制。如粤港澳三地警务合作联络机制、粤港澳三地刑事司法协助机制、粤港澳三地反恐怖主义合作机制等，为跨域社会治安合作提供了有益经验和借鉴。最后，加强社会治安联动促进了粤港澳大湾区社会融合发展，加强了三地在社会治安领域的沟通协作，推动了三地在法律制度、执法规范、公共安全建设等方面的协同，增进了大湾区内部及其周边地区的协调和合作。

总体来说，提升政府服务能力是深化粤港澳大湾区合作的关键内容。扩展社区综合服务是贯彻以人民为中心的发展思想、顺应社会发展需要的直接体现，是推动社会治理现代化的重要举措。加强社会治安联动则有利于及时发现和处置各类突发事件，为大湾区的高质量发展提供坚强的保障。

▼四 共建人文湾区

《粤港澳大湾区发展规划纲要》明确提出，要"共建人文湾区"。塑造湾区人文精神、共同推动文化繁荣发展、推动中外文化交流互鉴成为人文湾区建设的重要方面。人文湾区有着多重意涵。首先，核心在于湾区人文精神，湾区人文精神是传统文化与现代文化、东方文化与西方文化、中华文化与地方文化等碰撞交融再创造的一种新的综合性精神形态。其次，人文湾区以符号为载体传递粤港澳大湾区的文化特质。如湾区城市的标志性建筑与场馆、名胜古迹、代表性街道与社区、固态文化品牌等。最后，人文湾区体现在人文活动中，其集中展现了粤港澳大湾区的文明素养和精神风貌。

因此，共建人文湾区的主要任务包括：一是弘扬和传播湾区人文精神。支持弘扬以粤剧、龙舟、武术、醒狮等为代表的岭南文化发展，彰显独特文化魅力。增强大湾区文化软实力，进一步提升居民文化素养与社会文明程度，共同塑造和丰富湾区人文精神内涵。二是共同推动文化繁荣发展。完善粤港澳大湾区公共文化服务体系和文化创意产业体系，培育文化人才，打造文化精品，丰富居民文化生活。积极推进大湾区体育事业和体育产业发展，联合打造一批国际性、区域性品牌赛事。三是推动中外文化交流互鉴。发挥大湾区中西文化长期交汇共存等综合优势，促进中华文化与其他文化的交流合作，创新人文交流方式，丰富文化交流内容，提高对外文化交流水平。

（一）塑造湾区人文精神

湾区的人文精神是指粤港澳大湾区的文化特色和价值理念，是大湾区发展的精神动力和文化底色。同时，它是传统文化与现代文化、中国文化与西方文化、中华文化与地方文化等碰撞交融再创造的一种新的综合性精神形态。因此，湾区人文精神既应该体现人文精神的普遍性气质，又应该体现粤港澳大湾区的独特气质。

理解湾区人文精神特质是人文湾区发展的重要前提。湾区人文精神特质主要包括：一是开放包容。湾区的人文底色是岭南文化。这是一种基于特定地理环境和历史条件，以农业文化和海洋文化为基础，不断汲取海外文化之精华的文化形态。因此，对多元文化的尊重、包容、吸收和融合是湾区人文精神的重要体现，并对世界文化的发展产生影响和作出贡献。二是创新变革。湾区人文精神体现了敢为人先、变革创新的地方气质。粤港澳大湾区作为引领改革开放的前沿阵地，充分展现了其善于创新、敢于实践、勇于担当的地方精神，为推动中国式现代化提供动力与机遇。三是同根同源。尤其是以粤剧、龙舟、武术、醒狮等为代表的岭南文化，展现了独特的文化魅力和风采。同时，湾区的人文精神也增进了三地的文化认同和凝聚力，促进了三地的社会融合和协调发展。四是共建共享。湾区的人文精神体现了共建共治共享的社会治理理念，以人民为中心的发展思想，以人的全面发展为目标的价值追求。它推动了三地在文化、教育、科技、卫生、旅游等领域的合作交流，提升了居民的文化素养和社会文明程度，提高了居民的幸福感和满意度。

粤港澳大湾区在塑造人文精神方面形成了诸多有益经验。其一，坚持传承与创新相结合。粤港澳大湾区借助数字技术和文化平台等媒介加速传统文化的创新性发展和创造性转化。例如，深圳以文化产业数字化来加速文化创意资源集聚，涌现出以腾讯音乐为代表的一批全球数字音乐文化企业。广州借助"粤港澳大湾区音乐艺术联盟""粤港澳大湾区文学工作坊"等平台，联合创作优质文化内容，推动优秀文艺作品、文博藏品巡演巡展。其二，在文化活动中促进合作与交流。举办各类文化艺术活动和展览成为展示湾区文化魅力、增进湾区文化合作的重要方式。例如，粤港澳三地联合制作的大型粤语舞台剧《孔子·回首63》先后在澳门、佛山上演，广受好评。粤港澳三地粤剧人一年一度的"粤剧日"活动，弘扬了以粤剧为代表的岭南文化，引导增强三地的文化凝聚力和认同感。《2021巨量引擎岭南篇非遗数据报告》数据显示，截至2021年10月，岭南非遗创作者在抖音直播场次较上年同期增长55%。[①]其三，重视青少年群体的文化教育。通过开展各种形式的青少年文化交流活动，培养三地青少年对于湾区文化的了解并增进对于中华文化的认同。例如，"粤港澳青年文化之旅"自2009年启动，截至2023年已经举办了14届，包括客家文化、广府文化、潮汕文化、非物质文化遗产等主题都曾被列入活动中，让三地超过1000名青年学生共同领略了岭南文化精髓，见证了传统文化的创新发展。其四，坚持对外开放。粤港澳大湾区以"一带一路"倡议为契机，借助"粤港澳大湾区文化产业合作论坛"等平台，积极促进中外文化交流互鉴，繁荣发展粤港澳大湾区文化事业和文化产业，建设具有全球影响力的人文湾区和休闲湾区。

总之，湾区人文精神是粤港澳大湾区的文化特质和精神内核，是大湾

---

① 《首份岭南地区非遗数据报告发布，粤剧"数字化"表现最亮眼》，澎湃新闻2022年2月12日。

区发展的灵魂和力量。要坚定文化自信，共同推进中华优秀传统文化传承发展，发挥粤港澳地域相近、文脉相亲的优势，联合开展跨界重大文化遗产保护，合作举办各类文化遗产展览、展演活动，支持弘扬岭南文化，彰显独特文化魅力。要增强大湾区文化软实力，进一步提升居民文化素养与社会文明程度，共同塑造和丰富湾区人文精神内涵。

（二）共同推进文化繁荣发展

《粤港澳大湾区文化和旅游发展规划》强调，充分发挥广东改革开放先行先试优势，支持港澳更好融入国家发展大局，繁荣发展文化事业和文化产业，建设具有国际影响力的人文湾区和休闲湾区。粤港澳大湾区拥有丰富的文化资源和多元的文化特色，推动文化繁荣发展在彰显粤港澳大湾区人文魅力的同时，提升粤港澳大湾区的国际影响力。

文化交流是粤港澳大湾区推进文化繁荣发展的重要内容，多样的交流方式彰显着粤港澳大湾区文化发展的活力。一是文化艺术活动深入广泛开展。香港每年都会举办香港艺术节、巴塞尔艺术展、香港国际电影节等一系列文化艺术活动，吸引了来自世界各地的艺术家和观众。广东国际艺术节、广州国际艺术博览会、深圳国际文化产业博览会等多个文化艺术平台推动了文化产业的创新发展和国际交流。二是积极探索文化遗产游径。广东省分两批发布了八大主题44条粤港澳大湾区文化遗产游径，包括孙中山文化遗产游径、海上丝绸之路文化遗产游径、华侨华人文化遗产游径等，将粤港澳三地的历史文化遗产进行有效的串联沟通，共同展示三地文化交融性和岭南文化特质。三是搭建粤港澳三地青年文化交流平台。"粤港澳青年文化之旅"自2009年启动以来，以客家文化、广府文化、潮汕文化、非物质文化遗产等为代表的文化主题都被纳入文化交流的主题中，超过1000名青年学生深入领略学习了岭南文化精髓。这些都体现了三地的文化自信和文化共融，为大湾区的发展增添了人文色彩和文化魅力。

粤港澳大湾区文化产业呈现出规模大、结构多元、地方特色突出等特点，为区域经济社会发展和文化创新提供了有力支撑。具体来说，第一，粤港澳大湾区深入参与全球文化产业发展。香港在全球艺术市场的占有率从2019年的17.5%上升到2020年的23.2%，首次超越伦敦。第二，数字文化产业是粤港澳大湾区文化产业的重要组成部分和新的增长点。粤港澳大湾区充分发挥科技优势，推动文化与科技的融合，培育壮大数字文化产业，这包括数字创意、元宇宙、虚拟现实技术/增强现实技术（VR/AR）、人工智能生成内容（AIGC）等领域。国产游戏"原神"不仅有突出的中国元素，也有中外文明的融通，唤起了不同受众的共鸣。仅2022年至2023年上半年，粤港澳大湾区内这些新领域的文化产业投融资规模超过50亿元。第三，文化产业发展的地方优势正在形成。例如，深圳被联合国教科文组织授予"设计之都"称号，全市拥有约6500家设计企业、近100家文化创意园区以及20万名专业设计人员，正成为粤港澳大湾区文化发展新的增长动力。据统计，2022年广州市规模以上文化及相关产业法人单位达3220家，文化及相关产业增加值占地区生产总值比例超过6%。[①]2023年11月，《顺德区推动文化高质量发展行动方案（2023—2025）》发布。作为集"世界美食之都""全国龙舟之乡"等多种文化标签于一体的顺德通过整合多种地方文化资源，推动文商旅体深度融合发展来打造大湾区新文化高地。总体来说，粤港澳大湾区积极探索多元化、国际化、数字化的合作模式，涵盖了文化创意、文化传播、文化制造、文化服务等多个领域，提升了区域产业集群效应和国际竞争力。

当然，文化繁荣发展离不开良好的外部环境的支撑。具体来说，一

---

① 《"粤港澳大湾区文化产业投资基金一期"揭牌》，中国新闻网2023年3月9日。

方面，粤港澳文化合作会议是重要的文化交流合作机制，自2002年起开始建立。在会议期间，通过召开合作小组会议、三方文化主管部门领导闭门会议和大会来商讨三地在人才培养、项目合作、产业发展等方面的合作空间。另一方面，粤港澳大湾区文化产业投资基金第一期规模为20亿元，总投资规模为100亿元，其旨在支持区域文化产业协同发展。也正因如此，文化产业为区域内的文化企业和从业者提供了就业创业机会和收入来源。据统计，2019年，广东省文化产业从业人员达到了约500万人，占全国的10.4%；香港文化产业从业人员达到了约28万人，占全国的0.6%。粤港澳大湾区文化繁荣发展是以地区丰富的文化资源为基底，以全方位、多领域、全球化的文化交流活动和强劲的文化产业活力为驱动力，以外部环境的有力支持来实现的。与此同时，共同推动文化繁荣发展同样也需要加强中外文化交流，进而拓宽人文湾区建设的国际视野和国际影响力。

（三）推动中外文化交流互鉴

《粤港澳大湾区发展规划纲要》进一步明确，到2035年，粤港澳大湾区"社会文明程度达到新高度，文化软实力显著增强，中华文化影响更加广泛深入，多元文化进一步交流融合"。这意味着粤港澳大湾区担负着推动中外文化交流互鉴、打造具有国际影响力的国际文化交往中心的重要任务。

首先，弘扬中华优秀传统文化，推动湾区特色走向全球。粤港澳大湾区以粤剧、龙舟、武术、醒狮等为代表的岭南文化，不仅在区域内有着深厚的群众基础，也在海外广受欢迎。其中，"粤剧"已经被联合国教科文组织列入"人类非物质文化遗产代表作名录"。舞剧《咏春》将中华武术与现代舞蹈相结合，在新加坡等地演出，受到好评。粤港澳三地还共同举办了首届粤港澳大湾区文化艺术节、粤港澳大湾区文化遗产研讨会、粤港澳大湾区艺术精品巡演等活动，充分整合了区域内的文化资源。广东作为"海上丝绸之路"的重要起点，举办了"海上丝绸之路国际艺术节""海上丝绸之路国际文化博览会"等，以展示广东的文化开放性和包容性。

其次，拓展对外文化合作空间，共建粤港澳文化交流发展平台。粤港澳大湾区加强与"一带一路"沿线国家和地区的人文交流，参与"一带一路"文化联盟。文旅部出台相关政策支持粤港澳大湾区深度参与丝绸之路国际剧院联盟、博物馆联盟、艺术节联盟、美术馆联盟等合作。澳门作为多元文化并存的交流合作基地举办了多项中外文化交流活动，如"澳门文化周""澳门国际书展"。广州亚洲美食节搭建共议美食文明对话平台，吸引了来自"一带一路"沿线国家和地区的美食家、厨师、美食博主等参与，展示了亚洲美食文化的多样性和包容性。深圳文博会则是"中国文化产业第一展"，吸引了来自"一带一路"沿线国家和地区的文化机构、企业、项目参展。总之，粤港澳大湾区在文化交流方面展现了文化的广度、深度和高度，为中外文化互鉴和"一带一路"建设提供了有力的支撑和动力。

最后，优化传播媒介，加大对外宣传力度。2023年2月，大湾区（南沙）国际传播中心启用，其被定位为具有国际影响力的"外宣旗舰"。同年11月，今日广东国际传播中心（GDToday）在广州成立。其核心功能就是让世界了解粤港澳大湾区，向世界传递大湾区声音，讲好大湾区的故事。此外，南方+客户端和南方智媒云也将贯通各类媒体资源，依托主场外交契机提升国际传播能力，助力人文湾区建设。

推动中外文化交流互鉴极大地丰富了粤港澳居民的精神文化生活，推动湾区文化走向世界，也吸引海外文化走进湾区。共建人文湾区意在充分发掘岭南文化底蕴，传承和传播中华优秀传统文化，不断完善湾区人文精神的内涵，讲好中国故事，树立高度的文化自觉和文化自信。在塑造湾区精神、增强粤港澳文化软实力、推动中外文化交流互鉴中增进粤港澳大湾区的文化认同感和文化自豪感。

　　社会治理体系和治理能力现代化是一项系统性工程，需要统筹好国家与地方、国家与个体、政府与社会、内地与港澳、全球与区域等多重治理关系。这决定了粤港澳大湾区社会治理体系建设和人文湾区发展的复杂性，也正是因为这种复杂性激发出更多元和有地方特色的创新理念、创新实践和创新成果，并为区域协调发展提供了样本、做出了示范。粤港澳大湾区社会治理体系和治理能力现代化建设成果充分彰显了其社会活力和发展机遇。当然，以实现中国式现代化为根本目标的粤港澳大湾区社会治理体系和治理能力现代化建设依然需要持续稳定的制度安排、良性运行的社会治理网络、互动频繁的合作机制和优质的公共服务供给，倾力打造宜居湾区、人文湾区。

粤港澳大湾区生态文明建设的新突破

CHAPTER 7

一　新时代粤港澳大湾区生态文明建设的理论遵循

（一）习近平生态文明思想

习近平生态文明思想是中国特色社会主义理论体系的重要组成部分，也是习近平总书记对于推动可持续发展和构建人与自然和谐共生的重要理论观点和实践要求。作为全球最大的发展中国家，中国在经济发展中面临着严峻的环境挑战。习近平总书记深刻认识到环境问题对于国家发展和人民福祉的重要性，因此提出了生态文明思想，旨在引领中国走向绿色、低碳、可持续的发展之路。随着新时代生态文明建设实践的深入推进，我们对生态文明建设的规律性认识不断深化。总结新时代十年的实践经验，分析当前面临的新情况新问题，继续推进生态文明建设，要以新时代中国特色社会主义生态文明思想为指导，正确处理好五个重大关系（高质量发展和高水平保护的关系、重点攻坚和协同治理的关系、自然恢复和人工修复的关系、外部约束和内生动力的关系、"双碳承诺和自主行动的关系"）。

习近平生态文明思想中的"人与自然和谐共生"是一个核心原则，它强调了人类与自然之间的相互关系和互动。习近平指出，人类是自然的一部分，应该尊重自然、顺应自然，与自然和谐共生。自然是我们的生命之源，人类应该敬畏自然、顺应自然，不能逆天而行，破坏生态环境。生态环境是人类生存和发展的基础，人类要保护好生态环境，保护好生态系统，推动生态文明建设，这就要求处理好重点攻坚和协同治理的关系。生态环境治理是一项系统工程，需要统筹考虑环境要素的复杂性、生态系统的完整性、自然地理单元的连续性、经济社会发展的可持续性。这就要求我们立足全局，坚持系统观念，谋定而后动。要坚持重点攻坚，抓住主要矛盾和矛盾的主要方面，对突出生态环境问题采取有力措施，以重点突破带动全局工作提升。同时，要强化目标协同、多污染物控制协同、部门协同、区域协同、政策协同，不断增强各项工作的系统性、整体性、协同性。要统筹兼顾，推动局部和全局相协调、治标和治本相贯通、当前和长远相结合。当前，必须保持战略定力，锲而不舍、久久为功，持续深入打好污染防治攻坚战，不获全胜决不收兵。要突出重点区域、重点领域、关键环节，迎难而上、接续攻坚，以更高标准打几个漂亮的标志性战役。要做足统筹协调的大文章，统筹产业结构调整、污染治理、生态保护、应对气候变化，协同推进降碳、减污、扩绿、增长，全方位、全地域、全过程开展生态文明建设。

"绿水青山就是金山银山"的理念，强调了经济发展与生态环境保护的良性互动关系。处理好发展和保护的关系，是一个世界性难题，也是人类社会发展面临的永恒课题。党的二十大报告提出，推动经济社会发展绿色化、低碳化是实现高质量发展的关键环节。这表明，高质量发展和高水平保护是相辅相成、相得益彰的。高水平保护是高质量发展的重要支撑，生态优先、绿色低碳的高质量发展只有依靠高水平保护才能实现。在中国式现代化建设全过程中，我们要把握好高质量发展和高水平保护的辩证统一关系。要站在人与自然和谐共生的高度谋划发展，把资源环境承载力作为前提和基础，自觉把经济活动、人的行为限制在自然资源和生态环境能够承受的限度内，在绿色转型中推动发展实现质的有效提升和量的合理增长。要通过高水平保护，不断塑造发展的新动能、新优势，着力构建绿色低碳循环经济体系，加快形成科技含量高、资源消耗低、环境污染少的产业结构，大幅提高经济绿色化程度，有效降低发展的资源环境代价，持续增强发展的潜力和后劲。

山水林田湖草沙是生命共同体，要坚持山水林田湖草沙一体化保护和系统治理，构建从山顶到海洋的保护治理大格局，要处理好自然恢复和人工修复的关系，综合运用自然恢复和人工修复两种手段，持之以恒推进生态建设。自然生态系统是一个有机生命躯体，有其自身发展演化的客观规律，具有自我调节、自我净化、自我恢复的能力。治愈人类对大自然的伤害，首先要充分尊重和顺应自然，给大自然休养生息足够的时间和空间，依靠自然的力量恢复生态系统平衡。这就是反复强调坚持以自然恢复为主方针的道理所在。同时，自然恢复的局限和极限，对人工修复提出了更高的要求，也留下了积极作为的广阔天地。要把自然恢复和人工修复有机统一起来，因地因时制宜、分区分类施策，努力找到生态保护修复的最佳解决方案。对于严重透支的草原森林河流湖泊湿地农田等生态系统，要严格推行禁牧休牧、禁伐限伐、禁渔休渔、休耕轮作。对于水土流失、荒漠化、石漠化等生态退化突出问题，要坚持以自然恢复为主、辅以必要的人工修复，宜林则林、宜草则草、宜沙则沙、宜荒则荒。对于生态系统受损严重、依靠自身难以恢复的区域，则要主动采取科学的人工修复措施，加快生态系统恢复进程。城市特别是超大特大城市和城市群，要积极探索自然恢复和人工修复深度融合的新路子，让城市更加美丽宜居。

习近平总书记强调要处理好外部约束和内生动力的关系。良好生态环境是最公平的公共产品，是最普惠的民生福祉。要发挥这一公共产品的最大效用，让人民群众在美丽家园中共享自然之美、生命之美、生活之美，防止过度索取、肆意破坏，就要有明确的边界、严格的制度，做到取用有节、行止有度，这就离不开强有力的外部约束。生态环境没有替代品，用之不觉、失之难存，不仅关系经济发展质量，而且攸关每个人的生活品质。只有人人动手、人人尽责，激发起全社会共同呵护生态环境的内生动力，才能让中华大地蓝天永驻、青山常在、绿水长流。必须始终坚持用最严格制度最严密法治保护生态环境，保持常态化外部压力。要进一步建立健全和严格执行生态环境法规制度，坚持运用好、巩固拓展好强力督察、严格执法、严肃问责等做法和经验。要进一步压紧压实各级党委和政府生态环境保护政治责任，深入推进中央生态环境保护督察，强化执法监管，切实做到明责知责、担责尽责。要建立健全以绿色发展为导向的科学考核评价体系，完善生态保护补偿制度和生态产品价值实现机制，真正让保护者、贡献者得到实惠。要进一步健全资源环境要素市场化配置体系，用好绿色财税金融政策，让经营主体在保护生态环境中获得合理回报。要弘扬生态文明理念，培育生态文化，让绿色低碳生活方式成风化俗。

习近平主席指出："中国将力争2030年前实现碳达峰、2060年前实现碳中和。这是中国基于推动构建人类命运共同体的责任担当和实现可持续发展的内在要求作出的重大战略决策。"[①]这就要求处理好"双碳"承诺和自主行动的关系。推进碳达峰碳中和是党中央经过深思熟虑做出的重大战略决策，是我们对国际社会的庄严承诺，也是推动经济结构转型升级、形成绿色低碳产业竞争优势、实现高质量发展的内在要求。这不是别人要我们做，而是我们自己必须做。我们承诺的"双碳"目标是确定不移的，但达到这一目标的路径和方式、节奏和力度则应该而且必须由我们自己做主，决不受他人左右。实现碳达峰碳中和，等不得也急不得，不可能毕其功于一役，必须坚持稳中求进、逐步实现，决不能搞"碳冲锋""运动式减碳"。要立足国情，坚持先立后破，加快规划建设新型能源体系，确保能源安全。要优化调整产业结构，大力发展绿色低碳产业，使发展建立在高效利用资源、严格保护生态环境、有效控制温室气体排放的基础上。对于传统行业，不能简单当成"低端产业"一退了之、一关了之，而是要推动工艺、技术、装备升级，实现绿色低碳转型。要以更加积极的姿态参与

---

① 《习近平在"领导人气候峰会"上的讲话》，新华网2021年4月22日。

全球气候治理，形成更加主动有利的新局面。习近平生态文明思想强调了共谋全球生态文明建设的重要性，他强调全球生态环境问题是全人类面临的共同挑战，需要全球合作来解决，习近平主张建设人类命运共同体，推动构建人与自然和谐共生的全球生态文明体系，为人类创造一个美好的地球家园。习近平指出，各国应该推动全球能源革命，加强国际合作，共同推动全球能源转型，实现绿色、低碳、可持续的发展，中国愿同国际社会一道，推动国际气候变化合作，加强政策协调、技术交流和资金支持，共同应对气候变化挑战。

粤港澳大湾区是我国开放程度最高、经济活力最强的区域之一，在国家发展大局中具有重要战略地位。习近平总书记亲自谋划、亲自部署、亲自推动粤港澳大湾区建设，并强调"粤港澳大湾区建设一开始就要把生态保护放在优先位置"。《中共中央 国务院关于深入打好污染防治攻坚战的意见》强调"加快建设美丽粤港澳大湾区"。近年来，粤港澳大湾区以习近平生态文明思想为指引，对标国际一流湾区和世界级城市群，大力推进经济社会发展绿色转型，坚决打好污染防治攻坚战，生态环境质量明显改善，经济社会发展与生态环境保护协同共进态势进一步巩固，美丽湾区建设取得积极进展。

（二）关于生态文明建设的重要论述

在当前世界各地环境问题日益突出的背景下，保护生态环境成为全球发展的迫切需求。作为全球最大的发展中国家之一，中国在生态文明建设上发挥着重要的引领作用。习近平总书记在多个场合提出的关于生态文明建设的重要论述，进一步彰显了中国坚定推进绿色发展、保护生态环境的决心。在广东省，粤港澳大湾区的建设更是将生态文明作为核心理念，倡导建设生态保护屏障，加强环境保护和治理，创新绿色低碳发展模式，为实现可持续发展开辟了新的道路。

粤港澳大湾区位于中国南方沿海，拥有丰富的自然资源和独特的地理环境，然而由于长期的经济发展和人口密集，该区域也面临着环境破坏和生态压力不断增加的挑战，加快建设生态保护屏障成了迫切要求。为了保护这片宝贵的生态环境，习近平总书记在广东考察中多次强调加强海岸线保护与管控，严守海岸线生态红线，严控海岸线开发，重点防止填海造地、滥建滥用的问题。习近平总书记在中央全面深化改革委员会会议中提出要实施重要生态系统保护工程，加强生态环境保护，提高生态系统的稳定性、耐受性和恢复力。此外，他还强调了推进"蓝色海湾"整治行动，加快海洋环境保护和海洋生态恢复的重要性。

粤港澳大湾区是我国经济发展最快、城市化水平最高、工业化程度最深的地区之一，也是污染最严重的地区之一，面对土壤污染、水资源污染和大气污染的严峻形势，必须加强环境保护和治理。习近平总书记在2017年的广东代表团全体会议上强调要加强土壤污染防治和修复工作，坚决守住土壤污染防控底线，推动土壤治理修复，保障人民群众健康和生态环境。在2018年的中共中央政治局常委会会议上，习近平总书记强调要加强粤港澳大湾区的水资源保护和治理，推动水资源的高效利用和科学配置，提高水资源的保护和管理水平。

由于工业化和城市化的飞速发展，粤港澳大湾区也是我国能源消耗最大、碳排放最多的地区之一，要走绿色低碳发展之路，就必须创新绿色低碳发展模式。在2019年的广东代表团全体会议上，习近平总书记强调了低碳发展对粤港澳大湾区的重要性。他指出加强低碳技术交流合作对推动粤港澳大湾区的绿色发展具有重要意义。提出了要加强低碳技术研发和应用，培育低碳产业，推动能源生产和消费革命，提高能源资源利用效率，降低碳排放水平的要求。习近平总书记还指出，广东在推动绿色生活方面具有重要作用，他强调广东要走绿色发展之路，开展绿色生活行动，推动节约资源、保护环境、倡导低碳生活的理念和行动，加强绿色生产和消费，推动绿色产业发展，加快建设美丽中国。

▼二 建设生态保护屏障

（一）实施重要生态系统保护工程

粤港澳大湾区是我国开放程度最高、经济活力最强的区域之一，在国家发展大局和"一带一路"建设中具有重要战略地位。2019年2月，中共中央、国务院印发《粤港澳大湾区发展规划纲要》，指出粤港澳大湾区发展要坚持绿色发展、保护生态的基本原则，为居民提供良好生态环境，建设宜居宜业宜游的优质生活圈，促进大湾区可持续发展。粤港澳大湾区人口密集，产业聚集度高，发展空间面临瓶颈制约，资源能源约束趋紧，生态系统的承载压力较大。加强生态系统保护和修复是大湾区建设世界一流湾区的生态环境基础，也是重要的目标要求。近年来，大湾区三地政府不断加强生态系统保护与修复，增加生态产品供给。森林、湿地、海洋等自然生态系统状况逐步改善，生态系统质量居全国中上水平。

为了保护和改善湾区内的湿地、河流、海岸等重要生态系统，粤港澳大湾区实施重要生态系统保护和修复重大工程，构建生态廊道和生物多样性保护网络，提升了生态系统质量和稳定性。广东省自然资源厅、广东省发改委印发了《广东省重要生态系统保护和修复重大工程总体规划（2021—2035年）》，明确提出，将全省重要生态系统保护和修复重大工程布局于以南岭山地为核心的南岭生态屏障，以丘陵浅山、森林为主体的粤港澳大湾区外围丘陵浅山生态屏障，以河口、海湾、滨海湿地、海岛为主体的蓝色海岸带，以及东江、西江、北江、韩江、鉴江干流和珠江三角洲网河区等重点流域生态功能区。推进南岭国家公园建设，争取设立丹霞山国家公园；同时也要高标准、高质量、高水平推进华南国家植物园建设。广东省在大湾区范围内实施了一系列重要生态系统保护和修复工程，包括湿地保护与修复、森林资源保护与恢复、水体污染治理等，积极推进珠江口湿地生态保护与修复工程，通过恢复潮间带湿地、建设人工湿地等措施，提升湿地生态系统的功能和稳定性。广东省积极构建生态廊道，连接不同的生态系统，促进物种迁徙和基因流动，在大湾区范围内建设了一系列生态廊道，如珠江生态廊道、深圳河生态廊道等，通过绿化带和生态连通工程，促进不同区域的生态系统互联互通。2018年10月12日，广东省林业系统首次公布的《粤港澳大湾区水鸟生态廊道建设规划（讨论稿）》提出：至2025年，粤港澳大湾区将建成水鸟生态廊道，提供更多的栖息地给珍稀野生水鸟"安家入户"。广东省还通过建设生物多样性保护网络，保护和恢复珍稀濒危物种的栖息地，促进物种多样性的保护，积极推进野生动植物保护区体系建设，建立了一批自然保护区和野生动植物保护站，加强对珍稀濒危物种的保护工作。

划定并严守生态保护红线，强化自然生态空间用途管制。为全面贯彻《中共中央 国务院关于全面加强生态环境保护坚决打好污染防治攻坚战的意见》，就落实生态保护红线、环境质量底线、资源利用上线，编制生态环境准入清单（以下简称"三线一单"），广东省印发了《广东省"三线一单"生态环境分区管控方案》，主要目标是到2025年，建立较为完善的"三线一单"生态环境分区管控体系，全省生态安全屏障更加牢固，生态环境质量持续改善，能源资源利用效率稳步提高，绿色发展水平明显提升，生态环境治理能力显著增强。其中，全省陆域生态保护红线面积36194.35平方公里，占全省陆域面积的20.13%；一般生态空间面积

27741.66平方公里，占全省陆域面积的15.44%。全省海洋生态保护红线面积16490.59平方公里，占全省管辖海域面积的25.49%。生态保护红线的划定和严守，能有效地保护自然生态空间，为生态环境的持续改善和可持续发展奠定了坚实基础。

加强珠江三角洲周边山地、丘陵及森林生态系统保护，建设北部连绵山体森林生态屏障。广东省政府划定了北部连绵山体作为重要的生态屏障，严格控制了该区域的开发建设活动。加强了对该区域的生态环境监测和评估，以便及时发现和解决环境问题。还加大了对违法砍伐、采矿和破坏森林生态的行为的打击力度，严厉惩罚破坏环境的违规行为。通过严格限制开发建设活动，北部连绵山体的原始森林、野生动植物种群得到了有效保护，生态系统的稳定性和完整性得到了提高。通过加强环境监测和治理，大幅度降低了大气污染、水污染和土壤侵蚀等问题，提高了这些区域的生态环境质量，为周边地区的生态安全和人们的生活环境提供了更好的保障。广东省还积极推动生态旅游的发展，充分利用北部连绵山体，为当地的可持续发展和生态文明建设打下了坚实基础。在珠江三角洲城市中，肇庆是唯一森林覆盖率超过七成的城市，达70.83%。有着大湾区天然"绿肺"美誉的肇庆，近年来加强对自然保护区等绿色资源的保护，大力实施造林绿化，构筑起大湾区绿色生态屏障。在珠江三角洲九市，森林覆盖率排在第二的是惠州（61.61%），超过六成。（见图7-1）近年来，惠州大力推进"森林碳汇、生态景观林带、森林进城围城、乡村绿化美化"工程，且全市所有森林公园都免费向公众开放，让市民共享"森林绿"。可喜的是，珠江三角洲九市已全部获得"国家森林城市"称号。2021年4月，珠江三角洲国家森林城市群通过验收，正式成为我国首个国家森林城市群。珠江三角洲地区森林覆盖率已达51.73%，主要建设区域绿化覆盖率达45.95%。"城在山水中、家在花园里"，成为珠江三角洲很多城市诗意栖居的生动写照。作为我国经济发达区域，珠江三角洲统筹推进山水林田湖草系统治理，坚持生态优先、绿色发展，在国家森林城市群建设上先行先试、示范引领，为全国绿色发展提供了珠江三角洲的宝贵经验。珠江三角洲的实践证明，绿水青山与金山银山不是"鱼与熊掌"的关系，在发展经济的同时更加注重生态保护和环境治理，二者是可以实现兼得的。

表7-1　2020年珠江三角洲九市森林覆盖率情况

地区	覆盖率
广州	41.60%
深圳	39.39%
珠海	32.21%
佛山	21.42%
惠州	61.61%
东莞	37.70%
中山	23.13%
江门	45.14%
肇庆	70.83%

资料来源：2021年珠江三角洲高质量发展报告。

深圳湾生态修复：粤港澳大湾区协同保护生态屏障

深圳湾的生态修复是粤港澳大湾区协同打造生态保护屏障的缩影。深圳湾位于中国广东省和香港特别行政区之间，是候鸟从西伯利亚迁徙至澳大利亚的重要"中转站"和"加油站"，每年10月至次年3月，上百种候鸟来此停歇。在城市发展早期，人们盲目向深圳河里排放废水、废料，致使深圳河和深圳湾里鱼、虾等生物资源持续减少，越冬候鸟一年比一年少。

深圳河是深港两地的界河，向东汇入深圳湾。为保护好深港之间这块共同的生态屏障，20世纪80年代，深圳分别在深圳湾两侧设立了深圳红树林自然保护区和香港米埔自然保护区，划定了湿地保护红线，对湿地进行严格的保护，同时开展清淤还湖、红树林补植、鸟类保护等一系列生态修复和保护措施。

此外，在1955年，深圳和香港特区政府还展开了深港合作治河的项目，对深圳湾周边的河流进行清理和治理，20多年来，先后完成了河道清淤、堤防巩固、排污口整治、水面保洁等一系列工程。

经过多年的努力，深圳湾的生态环境得到了显著改善。湿地逐渐恢复，水质得到了提升，吸引了大量候鸟和其他野生动物的回归。粤港澳大湾区在生态保护方面的协同合作取得了显著成效，为该地区的生态环境保护树立了榜样。

（二）加强海岸线保护与管控

粤港澳大湾区是中国经济发展的重要区域，也是世界知名的海湾地区之一。随着经济的快速发展和城市化进程的加速，海岸线受到了越来越多的威胁和挑战。为了保护海岸线资源，维护生态环境的稳定性，粤港澳大湾区采取了一系列政策措施，加强海岸线保护与管控，不仅有效保护了海岸线资源，维护了地区的生态环境，还为当地的可持续发展和生态文明建设打下了坚实基础。

加强海岸线保护与管控，强化海岸线资源保护和自然属性维护，建立健全海岸线动态监测机制。广东省自然资源厅印发了《关于加快推进海岸线生态修复和重点海湾整治工作的通知》，重点围绕自然岸线保护修复、魅力海滩打造、海堤生态化、滨海湿地恢复、美丽海湾建设"五大工程"，规范组织和加快推进项目实施。广东省生态环境厅积极组织沿海各市开展入海排污口核查工作，及时清理整治"两类排污口"，并已建成"广东省重点入海排污口监管系统"，实现了对各类入海排污口的有效监管。2019年，广东省联合香港环境局组织开展海滩垃圾清理宣传活动，粤港澳大湾区各沿海市生态环境系统积极响应，开展了形式多样的海滩垃圾清扫活动。2020年，广东省以世界海洋日宣传活动为契机，启动沿海各市共建美丽海滩试点示范工作，积极推动各地建立沙滩保洁机制，海岸线生态环境保护再上新台阶。

粤港澳大湾区在近年来致力于强化近岸海域生态系统保护与修复，开展水生生物增殖放流，推进重要海洋自然保护区及水产种质资源保护区建设与管理。广东省自然资源厅出台了《广东省美丽海湾规划（2019—2035年）》，以近岸海域综合治理为重点，持续推进美丽海湾建设，针对全省500多个海湾，提出因地制宜，分类建设生态保育型、渔业文化型、都市亲水型、度假旅游型4类共67个美丽海湾规划目标,从生态保护、景观建设、陆源联动污染防控、安全保障4个方面提出建设要求,力争建成若干水清、岸绿、滩净、湾美、物丰、人和的美丽海湾。在水生生物增殖放流方面,粤港澳大湾区大力推行水生生物增殖放流技术,通过人工增殖和放流,有效提高了海洋生物资源的丰富度和多样性。例如,广东省珠海市九洲港海洋牧场,通过放流人工培育珍贵贝类,成功实现了珍贵贝类的增殖和海洋养殖,为当地海洋生态环境的改善和水产资源的丰富作出了显著的贡献。

(三)推进"蓝色海湾"整治行动

近年来,随着人类活动的不断扩张和经济的快速发展,海洋生态环境遭受到了严重的破坏和污染。为了保护粤港澳大湾区的海洋生态系统,维护海洋资源的可持续利用,粤港澳三地积极推进"蓝色海湾"整治行动,旨在通过加强海洋环境保护、提升海洋生态系统的稳定性和可持续性,推动当地海洋经济的健康发展。

推进"蓝色海湾"整治行动,保护沿海红树林,建设沿海生态带。粤港澳大湾区一直致力于推进"蓝色海湾"整治行动,特别是在保护沿海红树林方面采取了一系列政策措施。其中,广东省在保护红树林方面取得的成就特别值得关注,如深圳市大鹏新区红树林保护区和珠海市金湾区红树林国家级自然保护区(见表7-2)。红树林是沿海地区重要的生态系统,对维护海岸线稳定、保护海洋生物栖息地以及净化海水起着重要作用。为了保护红树林,广东省积极实施红树林保护工程,通过建立红树林生态保护区、湿地公园等措施,加强了对红树林生态系统的保护。在珠江三角洲地区,广东省建立了多个红树林自然保护区,对红树林进行严格保护,取得了良好的生态效果。广东省还大力开展红树林的生态修复和植树造林工作。通过植树造林、湿地恢复等方式，积极修复受损的红树林生态系统，扩大了红树林的面积，提高了生态系统的稳定性和多样性。此外，广东省还加强了对违法采伐、破坏和污染红树林的打击力度，建立了健全的监管机制，严格执法，有效遏制了对红树林的破坏行为。

表7-2　粤港澳大湾区红树林保护区

深圳市大鹏新区红树林保护区	珠海市金湾区红树林国家级自然保护区
深圳市大鹏新区红树林保护区是广东省内最大的红树林保护区之一，面积达到近3000公顷。该区域内的红树林生态系统得到了有效的保护和恢复。深圳市政府投入大量资金，建设了红树林湿地公园，为游客提供了观赏、教育和科研的场所。同时，加强了对红树林的巡查和管理，严禁砍伐和捕捞等破坏性行为。	珠海市金湾区红树林国家级自然保护区是广东省内红树林资源最为丰富的地区之一，也是我国红树林保护最好的地区之一。珠海市政府对金湾区红树林保护区进行了严格的管控和保护。通过建立红树林巡护队、加强巡查力度，有效遏制了非法砍伐、非法捕捞等违法行为。同时，政府还注重宣传教育，提高公众对红树林的保护意识和参与度。

资料来源：广东省人民政府门户网站

加强粤港澳大湾区生态环境保护合作，共同改善生态环境系统。2023年8月19日，粤港澳大湾区生态环境保护工作座谈会在广东珠海召开。会议指出，粤港澳大湾区建设国家重大区域发展战略实施以来，在以习近平同志为核心的党中央坚强领导下，粤港澳三地不断深化生态环境保护合作，改善生态环境质量，推动绿色低碳发展，提升生态环境治理现代化水平，取得明显成效。会议强调，要深入贯彻落实全国生态环境保护大会精神，以建设美丽中国先行区为目标，扎实落实粤港澳大湾区生态环境保护规划，系统推进生态优美、蓝色清洁、健康安全、绿色低碳、治理创新、开放共享等六个湾区重点建设任务，不断推进生态环境共建共治、区域协同、试点示范，推进粤港澳大湾区生态环境保护工作再上新台阶。会议一致认为，要加强粤港澳三地沟通交流，协调建立更加完善、紧密、务实的工作机制，开启粤港澳三地生态环境保护合作新篇章。

加强湿地保护修复，全面保护区域内国际和国家重要湿地，开展滨海湿地跨境联合保护。粤港澳大湾区三地政府加强了湿地保护规划和监管，全面保护区域内的国际和国家重要湿地。通过制定湿地保护规划和政策，明确了湿地保护的重点区域和目标，加强了对湿地资源的保护力度。并且加强了对湿地利用的管理和监督，严格控制湿地开发建设，确保湿地生态系统的完整性和稳定性。粤港澳大湾区开展了滨海湿地跨境联合保护工作。三地政府加强了信息共享和合作，共同制定了跨境湿地保护的合作机制和计划。通过跨境合作，实现了湿地生态系统的连通性和稳定性，有效改善了滨海湿地的生态环境，还加强了对滨海湿地的监测和评估工作，及时发现问题并采取相应的保护和修复措施。通过三地政府的联合保护和修复工作，提高了湿地生态系统的稳定性和多样性，保护了大湾区丰富的湿地生物多样性和生态景观。同时，还促进了湿地文化和生态旅游的发展，为当地经济和社会可持续发展做出了贡献。

▼三 加强环境保护和治理

（一）水资源保护和治理

粤港澳大湾区拥有丰富的水资源，为区域的发展和居民的生活提供了重要支撑。然而，随着工业化和城市化的快速发展，水资源的过度利用和污染问题也日益突出。为了保护和治理水资源，粤港澳大湾区出台了一系列政策措施。这些措施的实施，不仅有助于保护水资源，还为大湾区的可持续发展和居民的生活质量提供更加坚实的保障。

开展珠江河口区域水资源、水环境及涉水项目管理合作，重点整治珠江东西两岸污染，规范入河（海）排污口设置，强化陆源污染排放项目、涉水项目和岸线、滩涂管理。为了整治水质污染，政府加强了对排污口的监管和管理，对违规排放行为进行严厉打击，并加大了对涉水项目的审批监管力度，确保项目建设不会对水质造成负面影响。政府还加强了对岸线、滩涂的保护和管理，推动生态修复和保护工作。在合作方面，粤港澳大湾区各地区政府加强协调与合作，共同制定并实施了一系列涉水项目管理标准和措施，实现了跨区域的水资源、水环境保护合作。政府还积极推动科研机构、企业和社会组织等各方参与水环境保护工作，形成了全社会共同参与的格局。

在加强海洋资源环境保护方面，粤港澳大湾区三地政府高度重视以海定陆，加快建立入海污染物总量控制制度和海洋环境实时在线监控系统。政府通过制定相关政策和措施，着力推进海洋环境保护工作。其中，建立入海污染物总量控制制度是其中的一项重要措施。该制度旨在通过对各类污染物排放总量的控制，减少海洋环境污染，保障海洋生态系统的健康。政府还加强了对海洋污染物的监管和管理，对于违规排放的行为进行处罚和打击。此外，政府也加强了海洋环境实时在线监控系统的建设。通过建设和完善监测网络，实现对海洋环境的实时监控，及时发现和解决污染问题，避免污染扩散和加剧。

实施东江、西江及珠江三角洲河网区污染物排放总量控制，保障水功能区水质达标。加强东江、西江、北江等重要江河水环境保护和水生生物资源养护，强化深圳河等重污染河流系统治理，推进城市黑臭水体环境综合整治，贯通珠江三角洲水网，构建全区域绿色生态水网。为了实现这些目标，政府制定了一系列措施。首先，实施污染物排放总量控制制度，强化对污染源的管控，确保污染物的排放量不超过水环境的承载能力。其次，加强重要江河的保护和养护，通过建立保护区、禁渔区和采取生态修复措施，保护水生生物资源的多样性和可持续发展。此外，政府还加大了对深圳河等重污染河流的治理力度，通过减少污染物排放、改善水质等措施，提升河流的水环境质量。例如，深圳茅洲河一度被称作"珠江三角洲污染最重的河"，历经深圳、东莞两市三年多的协同治理，水质日益改善，实现了历史性转折。政府还推动城市黑臭水体的整治，通过改造污水处理厂、更新管网等措施，减少污水对水体的污染。这些政策措施的实施取得了显著成效。水功能区的水质达到了国家标准要求，水生生物资源得到了有效保护，城市黑臭水体得到了改善，水环境质量得到了明显提升，粤港澳大湾区的水网得到了贯通和构建。

（二）大气污染联防联控

粤港澳大湾区作为中国南方经济最为发达的区域之一，正面临着日益严重的大气污染问题。在这一背景下，粤港澳大湾区已经开始推动大气污染联防联控工作，积极制定并实施一系列政策措施以改善空气质量。各地方政府和相关部门纷纷加强协作，开展技术研发与合作交流，推广清洁能源、改善工业生产工艺，加强环保监管等措施。这些举措带来了一定的成效，大湾区的空气质量逐渐得到改善。在大气污染联防联控工作的持续推进下，粤港澳大湾区正朝着更加清洁、健康的发展方向迈进，为区域的可持续发展和居民的生活质量保驾护航。

强化区域大气污染联防联控，实施更严格的清洁航运政策，实施多污染物协同减排，统筹防治臭氧和细颗粒物（PM2.5）污染。为了实现这些目标，政府强化了区域大气污染联防联控，通过建立跨区域的大气污染防治机制，加强不同地区之间的合作和协调，共同应对大气污染。实施了更严格的清洁航运政策，限制船舶的排放，减少航运对大气污染的影响。还实施了多污染物协同减排措施，综合考虑各种污染物排放的特点，通过整体规划和协同减排，降低大气污染物的排放量。此外，政府还统筹防治臭

珠江三角洲水网生态修复工程

珠江三角洲水网生态修复工程是粤港澳大湾区在水资源和生态环境保护方面的一项重要举措。该工程旨在对珠江三角洲地区的河网进行治理，通过生态修复和环境保护措施，实现全区域绿色生态水网的构建，以改善水生态环境。

首先，该工程重点关注了珠江三角洲地区的河网系统，对水质、水生态和河岸环境等方面进行了全面调研和评估。通过科学的水环境监测和评估，确定了治理重点和治理目标，为后续的工程规划和实施提供了科学依据。其次，针对不同的河流和水域环境，该工程采取了多种生态修复和保护措施。包括湿地恢复与保护、水生植物种植、岸线生态修复、水污染治理等方面的工作。通过这些措施，成功提高了水域生态系统的稳定性和生物多样性，改善了水生态环境。此外，珠江三角洲水网生态修复工程还注重生态环境修复与城市发展的协调。在加强河网治理的同时，也考虑了城市化进程和经济发展的需求，寻求生态环境保护和经济社会发展的良性互动。

通过这一工程的实施，珠江三角洲地区的水网生态环境得到了显著改善，为当地居民提供了更加清洁、优美的水域环境，也为粤港澳大湾区的生态保护和可持续发展树立了良好的示范。

氧和PM2.5污染，通过综合治理措施，有效降低大气中臭氧和PM2.5的浓度。这些政策措施的实施取得了显著成效。大气污染的程度得到了有效控制，空气质量得到了明显改善。粤港澳大湾区的居民呼吸的空气变得更加清新，大气环境质量得到了显著提升。

为了进一步改善珠江三角洲九市的空气质量，政府实施了珠江三角洲九市空气质量达标管理。珠江三角洲九市空气质量达标管理是珠江三角洲地区的一项重要工作。政府加强了对空气质量的监测和评估，制定了相应的管理措施，对空气质量达标的城市给予奖励，对超标的城市进行整改和处罚。通过这些措施，珠江三角洲九市的空气质量得到了明显改善。根据生态环境部的通报，2020年1—12月全国168个重点城市空气质量排名前20位中珠江三角洲地区占6席，入选数量在三大城市群中遥遥领先。其中，深圳、惠州更是跻身全国十佳，分别排在第6位、第9位，珠海第11位、中山第14位、肇庆市第15位、东莞第20位。而2020年1—12月全国168个重点城市空气改善幅度排名前20位中，珠江三角洲更是占了7席，并包揽前

4位。分别是肇庆市（第1位）、东莞市（第2位）、佛山市（第3位）、中山市（第4位），珠海市和广州市并列第14位，惠州市第20位。 广东省环境监测中心公布的数据显示，2021年1—10月，珠江三角洲空气质量优良天数比例前4名的城市分别是珠海（96.4%）、深圳（95.4%）、惠州（93.4%）、肇庆（92.4%），均超过九成。除了优良天数比例，PM2.5浓度也是反映空气质量的重要指标。细颗粒物能较长时间悬浮于空气中，其在空气中含量浓度越高，就代表空气污染越严重。 数据显示，珠江三角洲的PM2.5浓度总体低于京津冀和长三角。2020年1—12月，京津冀及周边地区"2+26"城市PM2.5平均浓度为51微克/立方米，长三角地区41个城市为35微克/立方米。珠江三角洲9市则仅为21微克/立方米，优于欧盟标准以及世界卫生组织空气质量准则的第二阶段过渡目标值25微克/立方米（见图7-1）。

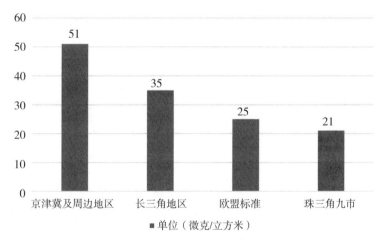

图7-1　2020年珠江三角洲九市与其他地区PM2.5平均浓度对比图
资料来源：2021年珠江三角洲高质量发展报告。

政府还加强了危险废物区域协同处理处置能力建设，强化跨境转移监管，提升固体废物无害化、减量化、资源化水平。危险废物的处理和处置是环境保护的重要内容，通过建立危险废物处理中心和协同处置机制，实现了危险废物的集中处理和无害化处置。同时，政府还加强了跨境转移监管，对跨境转移的危险废物进行严格的监管和管理，防止危险废物对环境造成污染。固体废物的无害化、减量化、资源化是环境保护的重要任务。政府推动了固体废物的分类和回收利用，通过建立垃圾分类处理中心和资源回收利用中心，实现了固体废物的减量化、无害化和资源化。政府还加强了对固体废物的监管，确保固体废物处理的安全和环保。

（三）土壤治理修复

粤港澳大湾区作为中国经济发展的重要引擎，其土壤环境质量对区域可持续发展和居民健康产生着重要影响。近年来，粤港澳大湾区土壤污染等环境问题逐渐凸显，为了维护大湾区生态环境的可持续发展，粤港澳大湾区已经开始加大土壤治理修复工作力度。针对这一挑战，相关部门纷纷出台政策措施，加强技术研发与合作交流，探索创新的土壤治理修复技术，取得了一定的成就。如今，大湾区的土壤治理修复工作正逐步走上正轨，为保障区域生态环境健康、推动经济可持续发展做出了积极贡献。

广东省在粤港澳大湾区开展了土壤治理修复技术交流与合作，积极推进受污染土壤的治理与修复示范，强化受污染耕地和污染地块的安全利用，防控农业面源污染，以保障农产品质量和人居环境安全。这些举措的实施得到了广东省生态环境厅的支持和推动。通过与香港、澳门等地区的合作交流，广东省在土壤治理修复技术方面取得了一定的成就。政府还加强了对受污染土壤的治理与修复示范，通过开展示范项目，推广先进的土壤治理修复技术，提高了受污染土壤的治理与修复水平。例如，珠江口污染农田的修复。珠江口是粤港澳大湾区的重要农业区域，但长期的农业活动导致土壤污染。广东省通过实施珠江口污染农田的修复项目，采用生物修复、物理修复和化学修复等方法，清理和修复受污染的农田，恢复土壤的健康状况。另外，政府加强了对受污染耕地和污染地块的安全利用，制定了相应的管理措施，确保受污染土地的安全利用，防止对人居环境造成影响。政府还加强了对农业面源污染的防控工作，通过制定农业面源污染防控方案，以及推广有机农业、加强监管、推动农田水土保持和加强农业废弃物管理等措施，积极减少农业面源污染的影响，保护农田生态环境和公众健康，加强了对农业生产过程中的污染源管理，保障了农产品质量和人居环境安全。

为了解决人民群众关心的环境保护历史遗留问题，广东省已经建立了环境污染"黑名单"制度，并健全了环保信用评价、信息强制性披露、严惩重罚等制度。该"黑名单"制度旨在监督和惩罚环境违法行为，对环境违法企业进行记录和公布，强化了环境保护的监管和惩罚力度。同时，环保信用评价和信息披露制度的建立，有助于公众了解企业的环保信用状况，促使企业更加重视环境保护，并增加了企业的社会责任感。严惩重罚制度则对环境违法行为实施了更加严厉的处罚措施，有效遏制了环境违法行为的发生。通过这些制度的健全和实施，广东省正在着力解决人民群众关心的环境保护历史遗留问题，加强了对环境污染行为的监管和惩罚，推动了环境保护工作的深入开展。

▼ 四 创新绿色低碳发展模式

（一）加强低碳技术交流合作

粤港澳大湾区作为中国重要的经济发展引擎，也面临着日益严峻的环境挑战。为了推动可持续发展和应对气候变化，加强低碳技术交流合作势

> **深圳市南山区土壤污染治理修复工程**
>
> 深圳市南山区作为粤港澳大湾区的重要组成部分，长期以来积极推动绿色生活行动，致力于改善环境质量和居民生活品质。其中，南山区土壤污染治理修复工程作为一项重要举措，为该区域的土壤环境带来了积极的变化，为生态环境保护和居民健康提供了坚实的保障。
>
> 首先，该工程通过全面的污染源调查和风险评估，确定了受污染区域的范围和程度。这为后续的修复工作提供了准确的指导，确保治理工作的针对性和高效性。其次，针对不同类型和程度的污染，工程团队采取了多种修复措施。生物修复利用微生物和植物的作用，加速污染物的降解和土壤恢复；化学修复运用吸附剂和化学物质，减少有害物质浓度；物理修复通过土壤堆置和覆盖等方式，改善土壤结构和质量。这些措施相结合，有效地清除了污染土壤，并促进了土壤的恢复和修复。最后，为了确保修复工作的有效性，工程团队进行了定期的土壤监测。这些监测活动包括采样和分析土壤样本，以检测是否有残留污染物，并评估土壤生态系统的恢复情况。通过监测，工程团队能够及时调整修复策略，确保治理工作的可持续性和长期效果。
>
> 通过深圳市南山区土壤污染治理修复工程的实施，该区域的土壤环境质量得到了有效提升，有助于保护生态环境和居民健康。

在必行。在这样的背景下，粤港澳大湾区加强低碳技术交流合作具有重要意义。通过共享先进技术和经验，可以加速推动低碳技术在区域内的广泛应用，促进能源效率提升，减少碳排放，实现经济增长与生态环境保护的良性循环。

挖掘温室气体减排潜力，采取积极措施，主动适应气候变化。加强低碳发展及节能环保技术的交流合作，进一步推广清洁生产技术。谈及合作，事实上，空气污染治理是大湾区携手合作较早的领域。2003—2005年，粤港就合作建设了我国第一个具有区域代表性并与国际接轨的粤港珠江三角洲区域空气质量监测网络。2014年9月，粤港澳三地签署区域大气污染联防联治合作协议书。2018年11月，暨南大学、广东省环境科学研究院、香港科技大学、澳门大学签订《关于粤港澳大湾区区域环境合作框架协议》，启动粤港澳大湾区环境实验室筹建工作。在粤港澳大湾区建设三年多来，三地合作持续深化，空气质量越来越好。2022年，《广东省环境空气质量持续改善行动计划（2021—2025年）（征求意见稿）》提出，粤港澳三地共同建设大湾区空气质量改善先行示范区。在处理区域臭氧方面，粤港澳三地政府已开展了为期三年的"大湾区光化学臭氧污染及区域和跨区域传输特征研究"。为了继续深化粤港澳低碳领域合作交流，政府出台了一系列的政策措施，具体包括：建立健全粤港澳应对气候变化联络协调机制；积极推进粤港清洁生产伙伴计划，构建粤港澳大湾区清洁生产技术研发、推广和融资体系；持续推进绿色金融合作，探索建立粤港澳大湾区绿色金融标准体系；支持香港、澳门国际环保展及相关活动，推进粤港澳在新能源汽车、绿色建筑、绿色交通、碳标签、近零碳排放区示范等方面的交流合作。

推进低碳试点示范，实施近零碳排放区示范工程，加快低碳技术研发。近零碳排放区示范工程旨在打造低碳示范区域，通过整合高效节能、清洁能源利用、碳排放减少等技术手段，实现近零碳排放水平。这些示范工程在区域内选择一些重点区域或企业，通过引入先进的低碳技术和管理模式，改造现有的能源消耗和排放状况，以达到减少碳排放的目标。为深化国家低碳省试点，积极探索"零碳"发展新模式，《广东省国民经济和社会发展第十三个五年规划纲要》明确提出要实施近零碳排放区示范工程，并将此工程列为省政府年度重点工作。广东是全国首批低碳试点省，相继开展了碳排放权交易、低碳城镇、低碳园区、低碳社区、碳普惠制、低碳产品认证等试点示范工作，并在绿色建筑、绿色交通、新能源开发和利用、碳捕集利用封存技术等新兴领域作出了积极探索，为实施近零碳排放区示范工程奠定了良好的工作基础。同时，粤港澳大湾区也加快了低碳技术研发和创新。通过政府支持和产学研合作，大湾区各地鼓励企业加大对低碳技术研发的投入，推动低碳技术的创新和应用。特别是在清洁能源、能源储存、能源效率提升等领域，大湾区的企业和科研机构积极探索和研发新的低碳技术，取得了一系列的创新成果。

推动大湾区开展绿色低碳发展评价，力争碳排放早日达峰，建设绿色发展示范区。粤港澳大湾区是推动"碳达峰"的先锋，在绿色低碳发展方面引领全国。国家层面上，珠江三角洲是国家主体功能区规划中的三大优化开发区之一，《"十三五"控制温室气体排放工作方案》明确支持优化开发区域率先实现碳排放峰值；省级层面上，广东省"十四五"规划提出了推动碳排放率先达峰的目标；城市层面上，香港已于2014年实现"碳达峰"，低碳试点城市广州、深圳、中山分别提出了2020年、2020—2022年、2023—2025年达到碳排放峰值的目标，明显超前于国家部署。粤港澳大湾区要做好先行先试，为率先实现"碳中和"探索可复制可推广路径，助力全国实现"碳中和"。

推动制造业智能化绿色化发展，采用先进适用的节能低碳环保技术改造提升传统产业，加快构建绿色产业体系。广东省高度重视智能制造顶层政策设计，制定了一系列智能制造发展规划和重点产业集群行动计划，初步形成智能制造发展政策体系。广东省以《广东省智能制造发展规划（2015—2025年）》为中长期战略，提出了构建智能制造自主创新体系、发展智能装备与系统、实施"互联网+制造业"行动计划、推进制造业智能化改造、完善智能制造服务支撑体系等主要任务，为提升全省制造业综合实力和可持续发展能力奠定战略基础。同时，广东省以《广东省深化"互联网+先进制造业"发展工业互联网的实施方案》《广东省培育智能机器人战略性新兴产业集群行动计划（2021—2025年）》《广东省智能制造试点示范项目实施方案》等为行动指南，并先后出台新一轮技术改造、加快先进装备制造业发展、《广东省智能制造生态合作伙伴行动计划（2021年）》等具体政策措施，为大湾区推进制造业高质量发展勾勒战略蓝图。近年来，随着广东省深入实施智能制造工程，大力发展先进制造业，大湾区智能制造发展水平快速提升，先进制造业产业规模和竞争实力领先全国。2020年，大湾区规模以上先进制造业增加值达1.69万亿元，规模以上高技术制造业增加值达1.16万亿元，电子信息、汽车制造、机器人及绿色石化等产业集群优势突出，形成了高质量的制造业创新发展生态。"十三五"期间，大湾区内地九市积极推动智能制造发展，鼓励企业使用智能化制造装备，推广应用智能化制造技术，普及设计过程智能化、制造过程智能化和制造装备智能化，智能制造水平领先全国，涌现出一批建设数字化车间和智能工厂的标杆企业。2015—2020年，大湾区规模以上工业增加值从23680.1亿元增长至28373.0亿元，先进制造业和高技术制造业产业增加值规模分别由12562.2亿元、7115.9亿元增长至16886.6亿元和11566.4亿元，年均复合增长率分别为6.1%、10.2%，占2020年广东全省工业增加值的51.1%和35.0%。智能制造的发展同时也推动了大湾区制造业绿色化发展，对大湾区制造业高质量发展的支撑作用十分显著。

（二）推进能源生产和消费革命

粤港澳大湾区正在积极推动能源生产和消费革命，以应对能源资源紧缺和环境污染等挑战。随着经济快速增长和城市化进程加快，大湾区对能源的需求不断增加，因此必须寻求更加可持续和环保的能源生产和消费方式。在这一背景下，粤港澳大湾区正在积极探索推进能源生产和消费革命的举措，以促进能源利用效率的提高，降低能源消耗的同时减少环境污染，实现经济和社会的可持续发展。

推进能源生产和消费革命，构建清洁低碳、安全高效的能源体系。《规划》明确以"湾区所向、港澳所需、广东所能"为导向，积极推动粤港澳大湾区能源协同发展，形成粤港澳统筹协调、互联互通、优势互补、合作共赢的格局，努力构建清洁低碳、安全可靠、智能高效、开放共享的区域能源体系，为建设国际一流湾区和世界级城市群提供高质量能源发展支撑。湾区加大了对清洁能源的投入和支持，鼓励和引导企业和居民采用太阳能、风能、生物能等可再生能源，大力发展清洁能源产业。在能源消费方面，粤港澳大湾区实施了严格的能源消耗监管和调控政策，推动工业、建筑、交通等领域提高能源利用效率，降低能源消耗。同时，加强了对高耗能、高排放行业的整治和治理，推动企业转型升级，实现清洁生产。粤港澳大湾区还加强了对能源安全的保障，建立了健全的能源储备和供应体系，提升了能源供给的稳定性和可靠性。这些政策和措施的实施取得了显著成就。粤港澳大湾区的清洁能源装机容量不断增加，太阳能、风能等可再生能源的利用比例逐年提升，能源结构不断优化。能源消耗总量得到有效控制，能源利用效率不断提高，大幅降低了碳排放和污染物排放。能源供应稳定，人民群众的能源供应保障得到了有效提升。

推进资源全面节约和循环利用，实施国家节水行动，降低能耗、物耗，实现生产系统和生活系统循环链接。推进资源全面节约和循环利用是粤港澳大湾区在可持续发展方面的重要举措，而实施国家节水行动是其中的重要组成部分。为了降低能耗和物耗，粤港澳大湾区采取了一系列措施，包括推广节能技术、加强能源管理、提高资源利用效率等。在生产系统方面，粤港澳大湾区鼓励企业实施清洁生产，推动工业企业采用节能设备和工艺，减少能源消耗和物质消耗。在生活系统方面，该区域大力推广节水技术，提高居民和机构的节水意识，推动水资源的合理利用。此外，粤港澳大湾区也在推动生产系统和生活系统的循环链接方面进行了积极探索。通过推广循环经济理念，该区域鼓励企业实施废物资源化利用，加强废弃物的回收和再利用，减少对自然资源的开采和消耗。同时，粤港澳大湾区积极推动建立废弃物资源回收利用体系，加强废弃物分类处理和资源化利用，实现生产系统和生活系统的循环链接。

实行生产者责任延伸制度，推动生产企业切实落实废弃产品回收责任。推行生产者责任延伸制度是粤港澳大湾区在资源循环利用和环境保护方面的重要举措。该制度要求生产企业在生产过程中，不仅要关注产品的质量和生产成本，还要承担起产品在使用过程中和报废后的环境负担，并将这一环境负担纳入产品的生命周期考虑范围之内。这意味着企业需要在产品设计、生产、销售和报废后的回收利用等环节全面考虑环境影响，并承担相应的责任。推动生产企业切实落实废弃产品回收责任是生产者责任延伸制度的重要内容之一。通过这一制度，生产企业不仅要在生产过程中减少对资源的消耗和对环境的影响，还要积极推动产品的回收和再利用。企业需要建立起完善的废弃产品回收体系，确保废弃产品能够得到有效回收并实现资源化利用。同时，生产者还要承担相应的经济责任，为废弃产品的回收和处理提供资金支持。

培育发展新兴服务业态，加快节能环保与大数据、互联网、物联网的融合。为了推动经济发展向更加节能环保的方向转型，粤港澳大湾区正积极培育和发展新兴服务业态，加快节能环保与大数据、互联网和物联网等新技术的融合。粤港澳大湾区鼓励并支持与节能环保相关的新兴服务业的发展，如智能环保监测、环境大数据分析、清洁能源技术开发等。这些新兴服务业能够为企业和政府提供节能环保方面的解决方案，帮助其提高资源利用效率和降低环境污染。粤港澳大湾区还在加快推进大数据、互联网和物联网等新技术在节能环保领域的应用。通过大数据分析，可以更准确地监测和评估环境污染情况，为环境治理提供科学依据。而互联网和物联网技术的应用，可以实现设备之间的互联互通，提高能源利用效率，减少能源浪费。

（三）广泛开展绿色生活行动

粤港澳大湾区广泛开展绿色生活行动，致力于建设可持续发展的绿色生活方式。随着人们环保意识的增强和对健康生活的追求，绿色生活已成为大湾区居民的共同追求和行动起点。通过倡导低碳出行、垃圾分类、节能环保等一系列举措，粤港澳大湾区正在逐步打造宜居、宜业、宜游的绿色生活圈。这一行动不仅有助于保护环境、提高生活质量，还为大湾区的可持续发展提供了重要支撑。

粤港澳大湾区广泛开展绿色生活行动，旨在推动居民在衣食住行游等方面加快向绿色低碳、文明健康的生活方式转变。在衣食住行游等方面，政府加强环保宣传教育，推动居民减少使用一次性塑料制品，鼓励垃圾分类和资源回收利用；支持绿色食品生产和健康饮食宣传，推广有机农业和绿色食品消费；加强新能源交通工具的推广和应用，建设更多的自行车道和步行街区，鼓励居民选择低碳出行方式；推动文明旅游，加强生态保护区域的管理，提倡文明旅游行为。这些措施有助于引导居民加快向绿色低碳、文明健康的生活方式转变，促进区域可持续发展。

加强城市绿道、森林湿地步道等公共慢行系统建设，鼓励低碳出行。粤港澳大湾区各地加强城市绿道建设，通过河道、公园、绿地等绿色通道的整治和建设，让城市空间更加宜居、宜人。其中，广州市的珠江新城绿道、深圳市的滨海休闲带、香港的绿化带等城市绿道项目广受市民欢迎，并成为城市发展的标志性建筑。广州市在城市绿道建设方面取得了显著成就，截至2020年底，广州市城市绿道总里程已超过1000公里，形成了较为完善的城市绿道网络。同时，粤港澳大湾区各地也积极推进森林湿地步道建设，通过保护自然生态环境，打造集健身、休闲、游览、科普于一体的森林湿地景区。例如，深圳的罗湖山、广州的白云山、香港的大榄郊野公园等森林湿地景区，提供了丰富多彩的户外活动和自然体验，成为市民和游客的热门去处。此外，粤港澳大湾区各地鼓励市民以步行、骑行等绿色交通方式出行，减少了对机动车的依赖，为市民提供了方便、快捷、环保的出行选择。还加强了绿道、步道等公共慢行系统的管理和维护，保障市民的安全和舒适出行。

近些年来，根据《粤港澳大湾区规划纲要》提出的"推广碳普惠制试点经验，推动粤港澳碳标签互认机制研究与应用示范"要求，粤港澳大湾区各城市贯彻落实绿色发展理念，在优化能源结构和产业结构、推行绿色生产等领域采取了诸多举措并取得不小成效。碳普惠是指运用相关商业激励、政策鼓励和交易机制，带动社会广泛参与碳减排工作，促使控制温室气体排放及增加碳汇的行为。广东省在2010年被国家列为首批低碳试点省份，经过十年努力，通过探索试点碳排放权交易等，让低碳从观念转为行动，并取得实际成效。三次产业结构比重从2010年的5.0∶50.4∶44.6，优化调整为2020年的4.3∶39.2∶56.5。能源效率和碳排放效率不断提升。截至2020年12月，全省碳排放配额累计成交量1.69亿吨，累计成交金额34.89亿元，位居全国第一。2022年4月，广东省生态环境厅印发《广东省碳普惠交易管理办法》，明确碳普惠的管理和交易，并指出要积极推广碳普惠经验，推动建立粤港澳大湾区碳普惠合作机制。积极与国内外碳排放权交易机制、温室气体自愿减排机制等相关机制进行对接，推动跨区域及跨境碳普惠制合作，探索建立碳普惠共同机制。2023年4月25日，广东省低碳发展促进会碳标签专委会与香港中华厂商联合会签订《关于共同合作开展粤港碳标签互认合作的谅解备忘录》，推进典型产品碳标签互认，助力企业更好应对绿色贸易国际规则。粤港碳标签互认是两地探索规则衔接、引导企业绿色低碳生产消费的重要举措。碳标签主要是指为减少温室气体排放，把商品生产过程中温室气体排放量在产品标签上用量化的指标标示出来，并以标签的形式告知消费者产品的碳信息，从而引导低碳生产和消费。广东是全国首批低碳试点省份，开展粤港碳标签互认合作，是推动落实《粤港澳大湾区发展规划纲要》提出的"推动粤港澳碳标签互认机制研究与应用示范"要求，同时也是企业应对绿色贸易国际规则，提升绿色竞争力的客观要求。

后 记

书稿要付梓印刷了，难免还是有些激动。去年开始着手这个书稿时，正值习近平总书记视察广东之后不久，总书记对粤港澳大湾区"一点两地"的重要指示给了我们写这本书的最初动力和启发。今年书稿要出版时，党的二十届三中全会已经召开，粤港澳大湾区被赋予"发挥高质量发展动力源作用"的新定位。随着时间推移，粤港澳大湾区的战略地位越来越凸显。我们这本书仅是记录了大湾区发展的部分历史和过去，而大湾区的未来需要更多的专家学者、科学家、企业家以及三地政府来共同努力、共同描绘。

书稿的完成离不开研究团队的共同努力和辛勤付出。史欣向副教授为本书的总撰稿人，负责整个书稿框架的设计，研究团队中的其他老师和学生开展了极高效率且高质量的研究工作，才使得书稿可以在相对较短的时间内顺利完成。本书的前言，由史欣向完成，第一章由覃涵之完成，第二章由王杰完成，第三章由史欣向、朱嘉澄完成，第四章由陈子菁、刘淑慧完成，第五章由郑文娟完成，第六章由周寒助理教授、聂子钧、汪俞忻完成，第六章由杜明慧完成。

书稿的出版必须感谢中山大学中共党史党建研究院和广东人民出版社的精心策划和鼎力支持。研究院和出版社的领导组织各位老师参与这个系列丛书写作时就体现出了极高的政治站位和使命担当，后来学校高度重视，校领导亲自担任丛书主编，更是让我们备受感染，加之出版社在写作过程中给与了全过程的支持和帮助，保障了书稿可以在较短的时间内完成。成稿之时，自己都觉得有点不敢相信，不得不感叹"还是团队的力量大呀"！最后，希望此书可以成为我们研究团队的新起点，未来推出更多更高质量的研究成果。

2024年8月